POUR LA DÉFENSE DU DROIT INTERNATIONAL
VI

La Guerre Économique Allemande

PAR

A. MÉRIGNHAC

PROFESSEUR DE DROIT INTERNATIONAL PUBLIC A L'UNIVERSITÉ DE TOULOUSE
SOUS-INTENDANT MILITAIRE HONORAIRE
ASSOCIÉ DE L'INSTITUT DE DROIT INTERNATIONAL

LIBRAIRIE
DE LA SOCIÉTÉ DU
RECUEIL SIREY
LÉON TENIN, Directeur
22, rue Soufflot, PARIS

1919

992 — Imprimerie Artistique "Lux", 131, boul. St-Michel, Paris

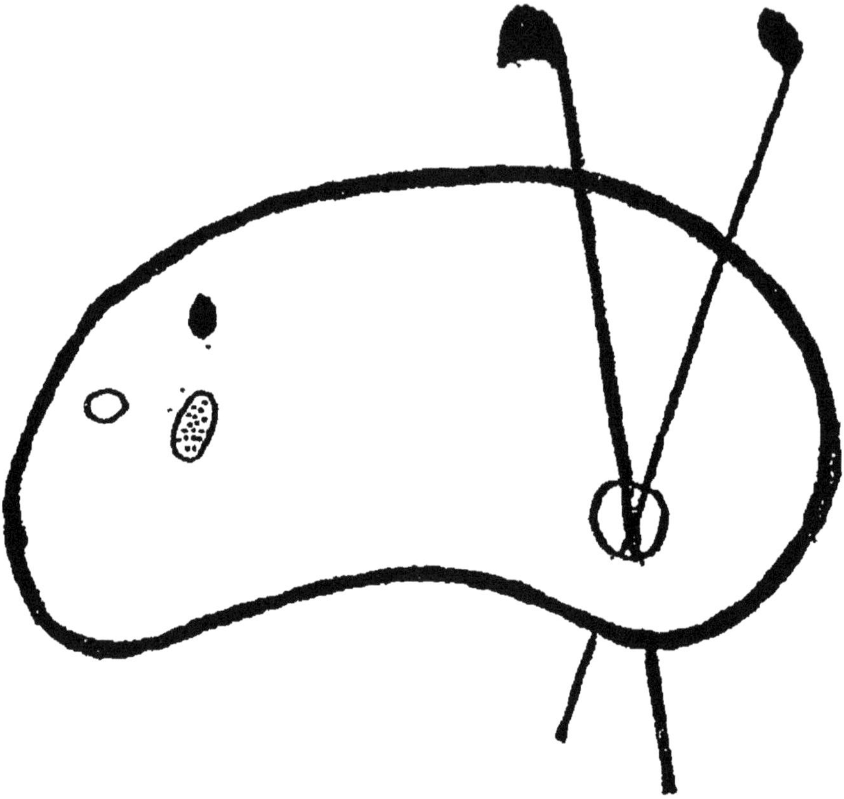

FIN D'UNE SERIE DE DOCUMENTS
EN COULEUR

La Guerre Economique Allemande

Comité pour la Défense du Droit International

Président :

M. Louis Renault, membre de l'Institut, professeur de droit international à la Faculté de droit de l'Université de Paris et à l'Ecole libre des Sciences politiques, membre de la Cour d'arbitrage de La Haye, ancien président de l'Institut de droit international.

Membres :

MM. **Joseph-Barthélemy**, **de Lapradelle**, **Larnaude**, **Leseur Piédelièvre**, **Pillet**, **Souchon**, **Weiss**, de la Faculté de Droit de Paris;

Bry, **Jourdan**, **Ségur**, de la Faculté d'Aix;

Gérard, **Larcher**, **Mallarmé**, **Morand**, de la Faculté d'Alger;

De Boeck, de la Faculté de Bordeaux;

Cabouat, de la Faculté de Caen;

Delpech, **Gaudemet**, **Scelle**, de la Faculté de Dijon;

Basdevant, de la Faculté de Grenoble;

Lameire, **Lévy**, **Pic**, de la Faculté de Lyon,

Moye, **Valery**, de la Faculté de Montpellier;

Chrétien, de la Faculté de Nancy;

Audinet, de la Faculté de Poitiers;

Gidel, de la Faculté de Rennes;

Mérignhac, **Rouard de Card**, de la Faculté de Toulouse;

Bureau, professeur à la Faculté libre de droit de Paris.

(*Les professeurs dont les noms précèdent enseignent ou ont enseigné le droit international.*)

Clunet, avocat à la Cour de Paris, directeur du *Journal de droit international;*

Dupuis, professeur de droit des gens à l'Ecole libre des Sciences politiques;

Fauchille. directeur de la *Revue générale de droit international public.*

POUR LA DÉFENSE DU DROIT INTERNATIONAL

VI

La Guerre Économique Allemande

PAR

A. MÉRIGNHAC

PROFESSEUR DE DROIT INTERNATIONAL PUBLIC A L'UNIVERSITÉ DE TOULOUSE

SOUS-INTENDANT MILITAIRE HONORAIRE

ASSOCIÉ DE L'INSTITUT DE DROIT INTERNATIONAL

LIBRAIRIE

DE LA SOCIÉTÉ DU

RECUEIL SIREY

LÉON TENIN, Directeur

22, rue Soufflot, PARIS

1919

AVANT-PROPOS

Lorsque nos ennemis, à bout de ressources et de souffle, ont dû s'avouer vaincus et ont déposé leurs armes, ternies par tant d'attentats criminels et de cruautés sans excuse, un cri s'est élevé du fond de toutes les consciences libres : Justice! Il faut que justice soit faite! Il faut que les responsabilités soient établies, que les dévastations commises dans le seul dessein de nuire soient réparées! Il faut que les barbares qui ont martyrisé la Belgique, qui ont ravagé, pillé, assassiné la Serbie, qui ont brûlé Reims, Arras, et réduit en esclavage les populations du nord de la France, soient punis à la mesure de leurs forfaits!

A cette œuvre d'assainissement international, en dehors de laquelle il n'y a pas de paix juste et durable pour les peuples enfin libérés des servitudes et des menaces étrangères, M. Mérignhac a tenu à apporter son témoignage attristé. Témoignage singulièrement émouvant, puisqu'il émane du savant historien des Conférences de la Haye, du jurisconsulte éminent qui, avec tant de généreux esprits, avait salué dans les conventions de 1899 et de 1907 le point de départ d'une humanité meilleure!

La condamnation que notre collègue de Toulouse prononce contre les procédés de guerre allemands n'en paraît que plus fondée dans son impitoyable rigueur. Et cette condamnation n'atteint pas seulement tel acte de spoliation ou de vol, telle exaction fiscale contraire au droit des gens, tel meurtre froidement commis par l'envahisseur; elle ne flétrit pas spécialement tel prince ou tel chef, qui aurait ordonné ou permis les crimes innombrables relevés à la charge des unités combattantes.

La guerre qui vient de finir a été une guerre populaire dans toute l'acception du mot; populaire, par l'enthousiasme délirant qu'elle avait provoqué chez les Allemands de toute condition; populaire aussi, par le but qu'elle avait assigné à leurs convoitises. Ce but hautement avoué était de réaliser l'hégémonie politique et surtout économique de l'Empire tentaculaire, d'enrichir l'Allemagne et les citoyens allemands, de satisfaire les cupidités et les appétits de jouissance, éveillés, mais insuffisamment rassasiés par le butin de 1871, en même temps que de ruiner et de détruire les concurrences possibles.

Des documents officiels abandonnés en Belgique par les autorités allemandes, au moment de la retraite des troupes d'occupation, établissent avec une angoissante netteté le plan qu'elles s'étaient proposé, en organisant systématiquement la destruction des industries et des machines, ainsi que l'enlèvement des matières premières, dans les régions envahies de la Belgique et de la France. Renseigné par les agences de l'espionnage économique que l'infernale prévoyance de nos ennemis avait partout créées, et par les inventaires où ces agences avaient dressé le bilan de nos usines et de nos maisons de commerce, un office dépendant du Ministère de la guerre à Berlin s'était érigé en dispensateur des richesses industrielles des peuples, dont on proclamait déjà la défaite: c'est à sa porte que devaient frapper les fabricants allemands, désireux d'acquérir à bas prix le matériel et l'outillage des pays occupés. Le prix d'acquisition une fois fixé par une commission d'évaluation, l'acheteur traitait avec une firme de démolition, faisant partie d'un consortium autorisé, qui se chargeait de transporter en Allemagne les objets volés; et il va sans dire qu'une large part des bénéfices résultant de cette édifiante opération était attribuée à la caisse du département impérial de la guerre.

La guerre allemande avait donc pour objet et pour fin l'anéantissement de notre existence économique. C'est l'industrie allemande, c'est le commerce allemand, c'est-à-dire en définitive le peuple allemand lui-même, qui devait recueillir les fruits de l'activité néfaste de ses chefs militaires. Le peuple allemand tout entier est coupable, parce que tout entier il s'apprêtait à profiter d'un bien mal acquis; tout entier il doit réparer; tout entier, il doit expier.

Il serait en vérité trop commode pour ce peuple, enfin éveillé de ses rêves insensés, de se décharger, au prix d'une révolution plus ou moins sincère, des lourdes responsabilités qu'il avait assumées, d'alléguer sa bonne foi, son ignorance, en vue de se soustraire au châtiment qui s'approche, et de désigner à la vindicte publique internationale le souverain, si longtemps acclamé, qui l'avait conduit à la curée, à la guerre fraîche et joyeuse. Empereur et citoyens, nobles, ouvriers et bourgeois doivent être associés dans la répression comme ils l'auraient été, comme ils voulaient l'être dans les bénéfices de la victoire. C'est la conclusion qui se dégage, avec une clarté saisissante, de la remarquable étude de M. Mérignhac.

André WEISS,

Membre de l'Institut,
Professeur du Droit International
à l'Université de Paris.

PRÉFACE

Cette publication du « Comité pour la défense du droit international » *aurait dû paraître avant la mort de l'homme éminent qui fut son premier président, M. le Professeur Louis Renault. D'autres diront ailleurs ou ont déjà dit ce que fut M. Renault, dont la vie entière se consacra au culte du Droit et spécialement du Droit des Gens, science dans laquelle il était devenu un maître incomparable et pour ainsi dire l'arbitre universel. Nous avons voulu simplement ici rendre à sa mémoire le témoignage d'affection et de regret que lui devait le* « Comité ».

La plupart des professeurs français se sont formés à l'enseignement de Louis Renault et ont suivi dans leur sphère respective les grandes lignes du programme de droit, de justice et d'humanité qu'il avait frappé de son empreinte ineffaçable dans ses cours de la Faculté de droit de Paris. Quand se fonda le « Comité » *qui s'est donné pour mission de stigmatiser les infamies commises par les Allemands au cours de la guerre, M. Renault fut appelé d'une voix unanime à la présidence de l'organisme nouveau, où se groupaient les personnalités françaises les plus qualifiées du droit international : « Son nom seul est un drapeau », disait avec raison M. le Doyen Larnaude. Avec sa simplicité habituelle ennemie de toute emphase et la netteté bien connue de ses conceptions, le nouveau président trouva immédiatement le titre qui convenait le mieux à l'activité du Comité dont les destinées lui étaient confiées :* « Pour la défense du droit international ».

Un de ses élèves, collaborateur distingué du Comité, M. Paul Fauchille, a consacré récemment un important volume à la vie et à l'œuvre de Louis Renault (1). *On y retrouve la physionomie fine et sympathique du maître. L'homme, le professeur, le savant, le membre de l'Institut, le magistrat international, le diplomate, le lauréat du prix Nobel, le président de la Société française de secours aux blessés militaires, revivent dans ces pages émues où se pressent tant de souvenirs chers à nous tous. M. Fauchille, en terminant, porte sur le président de notre Comité ce jugement qui ne sera contredit par personne :* « *La satisfaction du devoir accompli était pour Louis Renault la plus belle récompense du bien qu'il pouvait faire. Aussi ne demanda-t-il jamais de compensation aux innombrables services qu'il rendit dans l'enseignement, la diplomatie ou dans la science. Il était d'une grande modestie et d'une admirable simplicité.... L'amour passionné de la France, le culte du droit, le dévouement à ses amitiés et à ses élèves, tels furent en définitive les sentiments qui dominèrent toute sa vie..... La mort est venue brusquement, en quelques heures, enlever à la France l'homme qui lui aurait été si nécessaire au jour et au lendemain de la paix, et, au droit international, celui qui, par son expérience, son savoir et sa prudence, aurait été, plus qu'aucun autre, à même d'aider à sa reconstruction.....* ».

Dans une brochure qui vient de paraître au moment où nous écrivons ces lignes, un autre juriste éminent, qui lui aussi connaissait bien Louis Renault, M. Gram, a rendu l'hommage bien mérité à l'ami disparu; les dernières lignes de la brochure méritent spécialement de

(1) *Louis Renault* (1843-1918). *Sa vie, son œuvre*. Paris, 1919.

retenir l'attention : « La vie entière de Renault, écrit M. Gram, empreinte comme elle l'était d'une vue idéale et d'un sentiment de devoir toujours en éveil, rappelle le mot exprimant la philosophie d'un autre homme éminent : « Soyez pénétrés de la considération que la vie est une vocation haute et noble ». Son décès a produit un vif regret partout où l'on avait compté sur sa participation au travail d'esprit laborieux qui précédera la reprise des fonctions normales dans les pays civilisés. Un sentiment douloureux d'une nature plus intime s'y rattache chez ceux qui ont eu le bonheur de le connaître de plus près et qui garderont le souvenir de ces entretiens libres de toute contrainte qui permettaient d'apprécier la grande valeur de sa personnalité » (1). *Nous nous reprocherions de rien ajouter à ces témoignages. Ayant été nous-même l'élève de Louis Renault, nous avons pu juger par expérience de la bienveillance et de l'intérêt avec lesquels il voyait et guidait au besoin les travaux de ses anciens disciples; avec quelle bonté et quelle sympathie il leur prodiguait ses conseils et ses encouragements; avec quelle bonhomie charmante il s'épanchait en leur présence dans ces conversations familières où il évoquait les multiples souvenirs de sa vie laborieuse qui avait été mêlée à tant d'événements contemporains.*

La présente brochure paraît au moment où l'Allemagne voit s'écrouler son rêve de domination universelle et connaît à son tour les angoisses de la défaite et du bouleversement intérieur. Il nous a paru bon, à cette période de liquidation définitive de l'entreprise allemande, de jeter un coup d'œil d'ensemble sur la façon dont nos adversaires ont compris et mené cette guerre. A vrai dire, sous ce titre : « La guerre économique allemande », *ce serait l'histoire complète du conflit qu'il faudrait écrire, car ce conflit s'analyse en une vaste spoliation et des-*

(1) *Louis Renault et le droit international;* Kristiana, 1918.

truction de tous les lieux qui furent soumis à la domination germanique. La guerre allemande, en effet, fut, comme on l'a dit et répété, un vaste brigandage, une expédition de forbans et de bandits. Cette histoire sera plus tard faite en détail quand auront été réunis, par les soins des Gouvernements intéressés, les documents indispensables pour établir le bilan des déprédations allemandes. Nous avons voulu simplement présenter un coup d'œil d'ensemble forcément sommaire des atteintes subies dans le domaine économique par le Droit international, pour la défense duquel s'est constitué le Comité, *dont l'œuvre d'avant-garde restera un monument impérissable de la protestation des juristes français contre des forfaits dont l'Allemagne intellectuelle n'a point hésité à endosser la responsabilité dans le célèbre et triste message d'octobre 1914.*

La Guerre Économique Allemande

CHAPITRE PREMIER

Les conventions internationales concernant la propriété privée et les méthodes allemandes de guerre. — La loi de la guerre et la raison de guerre.

La guerre mondiale vient de prendre fin et l'Allemagne va bientôt être appelée à rendre ses comptes au monde civilisé que, pendant plus de quatre ans, elle a torturé, pillé et dévasté. Il convient donc, pour fixer les responsabilités, de présenter dans un exposé rétrospectif les procédés économiques d'après lesquels l'ennemi a mené cette guerre sans merci dans laquelle il a fini par succomber.

La méthode employée a été véritablement originale et digne de la kultur germanique ; les Allemands qui, dans tous les domaines : droit, littérature, industrie, sciences, commerce, philosophie, art, histoire, etc., n'ont été guère que des imitateurs surfaits par des stipendiés ou des aveugles, ont, au contraire, inauguré des procédés tout à fait nouveaux dans la conduite des hostilités. C'est cette méthode qu'il est nécessaire non point de révéler — car elle a déjà frappé nombre d'esprits clairvoyants en France et à l'étranger — mais de divulguer aux masses, qui le plus souvent enregistrent les effets sans remonter aux causes, et de stigmatiser au nom de la conscience universelle.

Les guerres antérieures au conflit actuel avaient été, au sens réel du mot, des conflits entre États. Ce que voulaient généralement les souverains belligérants c'était acquérir des territoires, étendre leur domination sur des sujets nouveaux ; les causes des conflits étaient multiples ; mais le but restait le même. Et lorsque la guerre avait été déchaînée pour un motif tout autre que l'augmentation du sol national, il arrivait le plus souvent qu'elle se terminait par des acquisitions territoriales au profit du vainqueur. On peut affirmer, en tout cas, que l'idée de s'approprier les biens des particuliers ennemis n'a jamais été le but *principal* des guerres anciennes.

Durant ces guerres pourtant, jusqu'au siècle dernier, la propriété privée était impunément pillée et saccagée ; les juristes les plus autorisés du droit des gens admettaient sans difficulté cette mainmise sur les biens des particuliers, qui persiste encore aujourd'hui dans la guerre maritime (1). Le pillage était donc parfaitement licite et les combattants des guerres anciennes ne s'en privaient pas ; une récompense normalement accordée aux soldats qui avaient pris une ville d'assaut consistait dans l'octroi soit d'un pillage indéterminé soit de quelques jours de pillage.

Mais, à partir du XIXe siècle, une autre théorie apparaît dans la guerre ; les puissances s'aperçoivent que leur intérêt respectif n'est point d'autoriser de pareils excès, car ce qu'elles feront aujourd'hui en cas de victoire se retournera demain contre elles si la fortune vient à changer. D'autre part, les mœurs s'adoucissent et l'idée s'intro-

(1) Cf. notre *Traité de droit public international*, IIIe partie, *Le droit de la guerre*, tome I, *La guerre terrestre*, 1912, pp. 415 et s.

duit qu'il doit exister une limite aux atrocités et aux exactions, même entre les combattants les plus acharnés. C'était là, du reste, l'épanouissement de la pensée restée jusqu'alors obscurément enfouie dans l'âme humaine et qui, à toutes les époques, avait tempéré les déchaînements les plus odieux de la force brutale. L'Humanité se rendait enfin compte qu'il doit exister dans les moyens de faire la guerre des limites que la raison, l'honneur et la pitié la plus élémentaire défendent de dépasser. Les Romains avaient déjà proclamé la fameuse maxime : « *etiam hosti fides servanda* »; et Grotius démontre par des exemples multiples que la distinction des actes licites et illicites de guerre a été connue et pratiquée à toutes les époques (1).

Ainsi s'est introduite la notion nouvelle que la guerre ne doit pas atteindre — sauf dans des cas de répercussion exceptionnelle — la population inoffensive ennemie. Rousseau, avec sa maîtrise habituelle, donna le criterium de la distinction entre l'État et les sujets : « *La guerre est un rapport d'État à État* » (2). Depuis, l'idée a fait son chemin; elle a été acceptée par tous les publicistes et les juristes aussi bien dans les pays de l'Entente que chez nos ennemis; et l'on peut affirmer qu'elle est devenue de droit commun international. Les conférences de La Haye de 1899 et de 1907 n'ont donc fait que constater dans le droit écrit des nations un principe qui faisait déjà partie du droit coutumier. L'article 46 du Règlement de la Haye concernant les lois et coutumes de la guerre sur terre déclare que : « *La propriété privée ne peut être confisquée* ». Et l'article 47 ajoute : « *Le pillage est formellement interdit* ».

Les Allemands et leurs alliés ont adhéré au Règlement de la Haye; ils auraient donc dû se conformer scrupuleusement à la distinction qu'il établit entre les biens de l'État

(1) *Droit de la guerre et de la paix*, III, c. IV, §§ 15 et s. Edit. Pradier-Fodéré; t. III, pp. 105 et s.

(2) *Contrat social*, L. I, ch. IV.

et ceux des particuliers. Ils le devaient d'autant plus que leurs juristes les plus autorisés l'avaient nettement admise. Nous parlons ici bien entendu de ceux qui avaient écrit avant la guerre, sous l'impression des principes du droit véritable, et non de ceux qui, au cours du conflit, ont cru pouvoir justifier tous les excès de leurs gouvernants. Le plus illustre parmi les premiers, Bluntschli, professeur à l'Université de Heidelberg, partisan déterminé de l'unité allemande sous l'hégémonie prussienne, s'exprime comme suit : « L'ennemi accorde une pleine protection à la propriété privée. La conquête laisse la propriété privée complètement intacte. Le droit de faire du butin de guerre est une injustice flagrante incompatible avec l'organisation actuelle du monde » (1). Pour ne point multiplier les citations, bornons-nous à rapprocher de l'opinion de Bluntschli, celle d'un représentant autorisé du second des grands états de l'Allemagne, la Bavière. Holtzendorf, professeur à l'université de Munich, émet la même opinion sur le même sujet : « Les lois de la guerre, dit-il, proclament le respect de la propriété privée. On ne peut ni enlever ni s'approprier les biens appartenant aux sujets de la puissance ennemie. On ne saurait sans injustice confisquer la propriété privée. Les soldats pillards sont punis comme voleurs. Le pillage d'une ville enlevée d'assaut est interdit » (2).

L'opinion exprimée par deux des juristes les plus considérables de l'Allemagne — d'accord, du reste, avec les autres auteurs allemands qui ont écrit avant la guerre — a été pleinement acceptée par l'autorité militaire allemande la plus haute. Le grand état-major, dans une publication à caractère officiel intitulée : *Kriegsbrauch*

(1) *Le droit international codifié;* traduction française Lardy, 4e édition, 1886, pp. 40 et 41.

(2) *Eléments de droit international public;* traduction française Zographos, 1891, §§ 65 et 66.

im Landkriege — Les lois de la guerre continentale — dit textuellement : « Tout habitant du pays occupé doit être protégé dans sa personne et dans ses biens...... La propriété privée ne peut être confisquée à titre de butin..... La propriété privée mobilière, qui était jadis considérée sans aucune objection comme le butin du vainqueur, est réputée aujourd'hui inviolable. On considérera donc comme un vol criminel et punissable suivant les circonstances qui l'ont accompagné, l'enlèvement d'argent, de montres, de bijoux et d'autres objets de valeur (1). »

Ainsi les théoriciens comme les praticiens se rangent sans hésiter à la doctrine de Rousseau. Qu'à cela ne tienne : la duplicité allemande imaginera facilement un prétexte qui lui permettra de sauver la face. Elle fera appel en la circonstance — comme l'ont fait les docteurs d'outre-Rhin au cours de la guerre — à une distinction déjà antérieurement présentée entre les procédés illicites de guerre. Ces procédés prohibés normalement par le droit de la guerre seraient néanmoins tolérés d'une façon exceptionnelle dans des cas déterminés. De là, il résulterait que le *Droit de la guerre* — *Kriegsrecht* — comprendrait la loi de la guerre applicable normalement — *Kriegsmanier* ou *Kriegsbrauch* — et les dérogations à cette loi dans les cas prévus par la coutume ou les nécessités de guerre — *ratio belli; Kriegsraison.* — Ainsi les nécessités, la raison de guerre rendraient licites le recours aux procédés illicites tels que le pillage, l'incendie, les otages, la dévastation systématique du pays quand on sentirait par exemple le besoin de recourir aux représailles ou de frapper l'ennemi de terreur par les moyens les plus atroces afin de l'amener à conclure rapidement la paix

(3) Publication de la section historique du grand Etat-major allemand, parue dans un recueil d'études recommandées aux méditations du corps d'officiers; traduction Carpentier, 2ᵉ édition, 1916, pp. 120 et s. Cf. notre étude : *Les théories du grand Etat-major allemand sur les lois de la guerre continentale* dans la *Revue générale du droit international public*, 1907, pp. 197 et s.

en lui montrant à quoi il s'expose s'il continue à résister (1).

Contre la doctrine de la « *raison de guerre* » ont protesté généralement tous les juristes, autres que les juristes allemands (2). Ils ont fait observer que cette doctrine contient en elle la négation même du droit de la guerre, dont les principes essentiels sont livrés à l'arbitraire des chefs militaires et l'on sait ce qu'est cet arbitraire pour les chefs allemands. Une fois la loi de la guerre acceptée, il faut qu'elle soit appliquée loyalement, d'une façon intégrale, et sans qu'on puisse s'en affranchir à raison d'une prétendue nécessité. En invoquant, en effet, l'excuse de nécessité, on aboutit au renouvellement des atrocités des guerres anciennes et l'on approuve les excès des conflits les plus nocifs, notamment de celui qui vient de finir. Au surplus, avec la distinction proposée, le belligérant qui prend les mesures prohibées sera naturellement le seul juge du point de savoir si une nécessité réelle autorisait la dérogation à la loi normale de la guerre. Et ce belligérant ne rendra de comptes à personne; pour se couvrir il invoquera la raison d'Etat qui dispense de toute raison.

(1) Cf. en ce sens : Kluber, *Le droit des gens moderne de l'Europe*, traduction française Ott, 2e édition, 1874, § 110; Heffter, *Le droit international de l'Europe*, traduction Bergson, 4e édition française de Geffcken, 1883, § 119; Lueder, *Handbuch des Völkerrechts*, t. IV, pp. 254 et s. et 484; Bulmerincq, *Handbuch...*, t. I, p. 362; Dahn, *Das Kriegsrecht*, pp. 3 et 4; Ulmann, *Völkerrecht*, pp. 316 et 317.

(2) Cf. Pillet, *Les lois actuelles de la guerre*, 1878, § 59; Westlake, *Etudes sur les principes du droit international*, 1895, traduction française Nys, pp. 262 et 263; Pradier-Fodéré, *Cours de droit international public européen et américain*, t. VI, 1894, § 2740; Mérignhac, *op. cit.*, *loc. cit.*, p. 242.

CHAPITRE II

Les buts de la guerre économique allemande. — Le plan Rathenau. — Les révélations du Bureau documentaire belge sur la politique économique de l'Allemagne en Belgique occupée.

Les Allemands avaient certes fait bon marché de la propriété privée ennemie durant la guerre franco-allemande de 1870-1871, puisque le ministre français des Affaires étrangères crut devoir protester par une circulaire du 29 novembre 1870 et que le montant des réclamations des particuliers s'éleva à 264 millions pour vol de titres et objets mobiliers. Mais leur conduite ne fut à cette époque qu'un jeu d'enfant si on la compare aux perfectionnements de tout genre apportés durant la guerre actuelle aux pratiques de 1870-71. Le conflit qui vient de prendre fin a été dans toute l'acception du mot un *conflit capitaliste*. Sans doute, l'Allemagne entendait, en cas de victoire, nous enlever à nous et à nos alliés des territoires importants soit continentaux soit coloniaux. Elle mesurait ses visées à l'appétit bien connu des pangermanistes, dont Otto Richard Tannenberg avait tracé le programme grandiose, après beaucoup d'autres, dans l'ouvrage intitulé : *La plus grande Allemagne — Le rêve allemand — L'œuvre du* XXe *siècle*, ouvrage que M. Millioud a nommé avec raison « *l'apothéose de la ripaille* » (1).

(1) Traduction française de *Gros Deutschland* par M. Millioud, 1916.

Mais, à côté de ce rêve pangermaniste, nos ennemis visaient dans une proportion à peu près égale l'appropriation des capitaux, matières premières, outillage, etc., en un mot de l'ensemble de la fortune privée et publique de leurs adversaires, dans le bút soit de les ruiner économiquement et de les rendre définitivement incapables de toute concurrence, soit d'enrichir l'industrie allemande avec les dépouilles des pays envahis. Tous les pillages, toutes les appropriations des biens ennemis soit ostensibles soit dissimulés sous l'apparence de réquisitions et de contributions furent tournés vers ce double but à chaque instant indiqué par les envahisseurs à tous les degrés de l'échelle sociale : enrichir la patrie allemande; ruiner l'étranger et empêcher sa concurrence économique. Les pays envahis furent exploités et vidés à fond; tout ce qu'ils possédaient fut consommé sur place ou envoyé en Allemagne; et finalement la destruction systématique fit disparaître tout ce qui n'avait pu être utilisé ou emporté. Dans son IXe rapport (1) la commission française d'enquête instituée par le décret du 23 septembre 1914 pour constater les actes commis par l'ennemi en violation du droit des gens s'exprime comme suit : « Notre nouvelle enquête n'a pu que nous confirmer dans la conviction que toutes les violations du droit des gens dont les armées allemandes se sont rendues coupables au moment de leur retraite ont été commises sur des ordres généraux donnés par le haut commandement. Dans toutes les communes, les mêmes mesures d'injuste rigueur et de cruauté envers les personnes, les mêmes procédés de dévastation et de brigandage ont été employés simultanément et dans des conditions identiques. Partout les populations ont été rançonnées et déportées, les usines détruites, les maisons démolies ou incendiées, les meubles volés ou saccagés, les arbres

(1) *Officiel* des 28, 29 et 38 mai 1917.

abattus, les fruits contaminés, les instruments agricoles brisés ou emportés. »

La guerre de l'Allemand est donc double : à côté du conflit militaire engagé entre ses troupes et les troupes de l'Entente, il fait une guerre économique dirigée contre la population civile, guerre qui vise le commerce, l'industrie, l'agriculture et généralement toute la fortune privée. A la guerre d' « *Etat à Etat* » se joint une guerre d' « *Etat à individu* » ; l'invasion germanique devient surtout *une relation entre les armées d'occupation et les biens privés ou publics de l'adversaire*. On se tromperait fort, du reste, si l'on croyait que cette conception toute spéciale du but de la guerre n'est apparue qu'au cours du conflit actuel ; en réalité, elle était contenue en germe dans la constitution même de l'État allemand organisé suivant le système prussien. L'État en Allemagne est, en effet, tout-puissant. Pour les juristes allemands : « La force crée le droit » en sorte que tout devient légitime à qui possède la force (1). Et la force suprême est aux mains de l'État qui sera *le grand tout*, les individus, suivant la formule d'Hégel, ne valant que comme instruments dans l'œuvre assignée à l'État (2). Or, la toute-puissance de l'État allemand s'exerçait dans le domaine économique aussi bien que dans la sphère politique et militaire. Véritable dictateur dans le monde des affaires, l'État, à la fois propriétaire et exploitant des chemins de fer, des canaux, des mines, etc., entra d'abord en lutte avec les cartels des industriels, puis les protégea et finalement s'unit à leurs efforts en cherchant à les absorber. Ainsi la politique impérialiste, la *Weltpolitik* était une politique d'affaires autant que de domi-

(1) Cf. Barthélemy, *La responsabilité des professeurs allemands de droit public* dans le *Bulletin de la Société de Législation comparée*, 1916, pp. 116 et s. ; Blondel, *Les idées des professeurs de droit en Allemagne*, *Ibidem*, p. 72.

(2) *Grundlinien der Philosophie des Recht*, 1821. Cf. Bouvier, *La conception allemande de l'Etat*, 1917.

nation; l'exportation allemande sur tous les points du globe se faisait sous l'égide impériale et avec l'estampille officielle. L'impérial cabotin qui, dans ses déplacements répétés, promenait la vivante image de l'Allemagne conquérante, jouait en somme le même rôle que le commis-voyageur germanique; dans son uniforme moyenageux, avec son manteau blanc et son casque à l'aigle d'or éployée, il était, en réalité, un placeur de canons et de matériel de voies ferrées.

Dans l'Empire, ces trois forces : finances, industrie et politique étaient confondues et ce n'était pas toujours par sympathie personnelle que le Kaiser entretenait les meilleurs rapports avec certains magnats de l'industrie. Les ligues pangermanistes imposaient bruyamment leur programme au chancelier au nom du développement économique. Peu à peu, la conquête du monde se réalisait pacifiquement et économiquement. La simple menace de l'épée aiguisée et de la poudre sèche venait à bout de toutes les résistances sans que l'épée eût à sortir du fourreau et la poudre à s'enflammer.

Mais alors pourquoi avoir déchaîné la guerre quand le but pouvait être atteint par la pénétration pacifique? Beaucoup de raisons ont été données à cet égard qui, toutes, ont leur poids; mais il convient d'ajouter que, suivant une remarque fort exacte : « la fusion de plus en plus complète de la *Weltpolitik* et de la *politique d'affaires* était singulièrement dangereuse pour la paix du monde. Si l'impérialisme, si l'État tentaculaire met sa force au service des intérêts industriels, la tentation est grande, elle est perpétuelle, d'user de cette force pour briser les résistances qui s'opposent au triomphe de ces intérêts... Sois mon client ou je te tue, tel semble être le mot de cette industrie dont les besoins sont insatiables » (1).

(1) Hauser, *Les méthodes allemandes d'expansion économique*, 6e édition, 1917, p. 260.

Il faut remarquer d'autre part que la situation de l'industrie allemande, en apparence si forte et si écrasante grâce à un bluff perpétuel savamment entretenu, était au fond assez incertaine. L'Allemagne, à force de vouloir faire des affaires partout et dans toutes les conditions possibles, avait bon nombre de débiteurs douteux et il lui fallait constamment des ressources nouvelles pour alimenter son activité ; elle était dans la situation de ces faiseurs d'affaires qui comblent un déficit en en créant un autre, sous la menace constante de la liquidation et de la faillite. La guerre apparaissait donc comme la solution à la fois utile et grandiose qui assurerait le triomphe allemand, au point de vue militaire, politique et énonomique, dans un monde nouveau composé à la fois de vassaux et de clients apportant simultanément l'hommage féodal et l'argent moderne.

Et peu à peu l'idée de la guerre, *de la bonne guerre*, hantait l'esprit du hobereau, du bourgeois et de l'ouvrier; une fois de plus, le commerce et le drapeau devaient suivre les mêmes destinées. Il est donc vrai d'affirmer que le peuple allemand tout entier voulait la guerre capitaliste qui lui procurerait, avec les riches territoires, les matières premières et fabriquées et généralement toutes les ressources des pays occupés, aliment nouveau pour l'industrie nationale, en même temps que disparaîtrait, par la dévastation systématique de ce qui ne pourrait être utilisé, toute menace de concurrence étrangère. Dès le temps de paix, l'Allemagne économique avait procédé à sa mobilisation comme le grand État-major avait préparé la sienne, c'est ce qui explique que les généraux allemands aient été accompagnées, dès le début des hostilités, de *spécialistes* de tout genre qui ont catalogué, saisi et utilisé pour le compte de leur pays tout ce qui était bon à prendre, saccageant et détruisant le reste afin d'éviter à la paix la concurrence d'avant-guerre.

Voyons maintenant comment pratiquement a été conduite la guerre économique. Dans une lettre adressée du Havre à tous les chefs de mission belges à l'étranger, M. Davignon, ministre des Affaires étrangères, a signalé l'existence d'un contrat passé entre la *Feldzeugmeisterei* de Berlin et la raison sociale *Sonnenthal junior*, d'après lequel cette dernière se mettait à la disposition de la première pour faire parvenir par la voie la plus rapide possible aux fabriques allemandes de munitions les matières saisies en France et en Belgique (1). Ainsi éclatait l'aveu public que les pays envahis servaient de déversoir normal aux pillages allemands; c'était le système des vases communiquants poussés à sa perfection la plus extrême. Dans les pays envahis coïncidaient les réquisitions militaires destinées à alimenter l'armée et les réquisitions civiles à destination de l'Allemagne ou des industries allemandes dans les régions occupées. Les réquisitions civiles s'accomplissaient en vertu d'arrêtés et d'ordonnances publiés dans un organe spécial appelé : *Bulletin officiel des lois et arrêtés pour le territoire occupé.* A ces réquisitions se joignaient les enlèvements d'outillages et de matières premières dépouillant systématiquement les usines et manufactures suivant un plan préconçu et mûrement étudié dès le début du conflit, pour le compte du Ministère de la guerre allemand, par l'un des grands chefs de l'industrie allemande, le docteur Walther Rathenau, président de l'*Allgemeine Elektrizitäts Gesellschaft.* Rathenau fonda, le 13 août 1914, le *Département des matières premières de guerre*, chargé d'assurer et de contrôler l'immense production nécessaire pour les besoins de la guerre, de l'industrie et du commerce à l'intérieur et à l'extérieur (2). L'occupation de la Bel-

(1) *IIe Livre gris belge*, 2e partie, XVIIIe annexe, no 121.

(2) Voir, dans Passelecq, *Les déportations belges à la lumière des documents allemands*, 1917, pp. 130 et suiv., la façon dont le plan Rathenau fut appliqué à la Belgique.

gique, de la partie industriellement la plus importante de la France et de portions du territoire russe vint apporter un appoint considérable à l'œuvre de Rathenau. On utilisa, en effet, les stocks de matières premières de ces territoires qui devinrent des fournisseurs directs comme les territoires nationaux. Pour aller plus vite, on supprima purement et simplement les formalités des réquisitions — pourtant peu gênantes avec les méthodes allemandes — et des commissions économiques (*Wirtschafsts-Ausschüsse*) furent établies auprès de toutes les autorités militaires en territoire occupé, commissions dont les pouvoirs étaient illimités. A Berlin, avait été créé l'organisme centralisateur appelé *Reichsents chœdigungs Kommission*, siégeant 53 *Mauer Strasse*, qui avait pour président le Dr Hickmann. Ainsi, dès le début de l'occupation, les réquisitions militaires furent nettement distinguées de la prise des marchandises en gros, surtout des matières premières nécessaires à l'industrie (*massengüter*). Après le prélèvement de celles de ces matières nécessaires à l'État, un syndicat créé pour chacune des catégories de matières restantes organisait des ventes publiques aux enchères où se réalisaient d'importants bénéfices (1).

Rathenau a tenu à donner lui-même tous les détails voulus sur la façon dont il avait compris et réalisé son plan (2). Une circulaire fut envoyée aux fournisseurs du Ministère de la guerre, les priant d'indiquer les besoins à couvrir ainsi que la durée des approvisionnements et des principaux stocks de matières premières. Et, sur leurs indications, commença aussitôt dans les territoires occupés l'accaparement des métaux, produits chimiques et textiles et généralement de toutes les matières premières et fabriquées. Des inventaires furent dressés,

(1) Voir à ce sujet les détails donnés dans les *Débats* du 6 décembre 1918.

(2) Cf. l'article publié à ce sujet par la *Neue Wiener Zeitung* du 2 février 1916.

des entrepôts créés, un trafic de bateaux organisé, etc. Du 26 octobre 1914 au 20 octobre 1916, l'autorité allemande prit une centaine d'arrêtés prescrivant des relevés préliminaires à la réquisition, la saisie et l'immobilisation en vue d'achats éventuels de denrées et marchandises de toute sorte. Dès lors peu à peu toutes les productions agricoles, commerciales et industrielles prirent place dans le plan grandiose de Rathenau, dont l'œuvre, suivant l'expression d'un journal de Vienne, « *vint infuser un sang nouveau à l'activité nationale* ». Ainsi se réalisait une fois de plus l'adage que le vol est, aussi bien que la guerre, l'industrie nationale de la Prusse.

Le Bureau documentaire du Havre a publié, en 1918, un document qu'il qualifie avec raison d' « écrasant pour l'administration allemande ». Il est intitulé : « *La politique économique de l'Allemagne en Belgique occupée* » ; ses révélations mettent pleinement en relief le caractère *capitaliste* de la guerre qui vient de finir.

Dans la salle du Sénat, à Bruxelles, le 19 juin 1917, se tint la première réunion d'un organisme spécial appelé : *Commission économique allemande pour la Belgique*, ainsi que du rouage administratif d'exécution à elle juxtaposé qui prit le nom de : *Commission économique près le Gouvernement général de Belgique.* De hautes autorités y assistèrent : le gouverneur général von Bissing ; le commissaire général pour les banques, von Lumm ; le Dr Jungst, haut fonctionnaire ; von der Lancken, chef de la section politique ; M. Schweighoffer, commissaire de guerre pour l'industrie allemande ; les grands industriels Kirdorf, Prondzinski ; MM. Langen et Borsig, agents de moindre importance.

Von Bissing ouvrit la séance par une allocution doucereuse, où il déclarait vouloir avant tout prendre l'intérêt de la Belgique : « *à la condition d'éviter que son relèvement industriel ne nuisît à l'industrie allemande* ».

Von der Lancken se déclara en conformité d'opinion avec le grand chef, et von Lumm émit l'avis que la Belgique devait être surtout une terre de représailles dirigées contre l'Angleterre qui avait fait à l'Allemagne une guerre économique sans merci. Le contrôle général sur les banques belges que s'était arrogé l'Allemagne devait donc avoir pour résultat de placer les relations financières internationales de la Belgique sous la coupe de l'administration allemande et d'empêcher le transfert des valeurs belges en pays ennemi. C'était la mort économique de la Belgique que prônait von Lumm, car, sans crédit à l'extérieur, elle devenait incapable de toute action.

Puis la discussion s'ouvrit au sujet des ressources générales du pays; et c'est alors que se précisèrent les intentions des grands industriels allemands, écho et porte-parole de Rathenau. Kirdorf affirma qu'il fallait traiter l'industrie charbonnière belge « d'une manière absolument en harmonie avec les intérêts allemands ». M. Bernhardt, représentant spécial de l'autorité allemande en matière charbonnière, s'empressa alors d'affirmer que, conformément aux intentions de Kirdorf, la *centrale* des charbons fonctionnant en Belgique se préoccupait avant tout des intérêts allemands pour la direction, la production et la répartition des produits. L'industrie cimentière fit ensuite entendre ses doléances. M. Borsig déclara que les fabriques allemandes se trouvaient dans une situation malaisée et qu'il fallait enrayer toute tentative faite en vue de faire revivre l'industrie belge. Les ciments belges étaient à trop bas prix et défiaient la concurrence germanique, en sorte que le mieux était de s'opposer à toute reprise de cette industrie après la guerre, surtout sur les marchés américains. Ainsi étaient condamnées à mort 70 usines, qui, en 1913, avaient produit 1 million et demi de tonnes représentant environ 40 millions de francs. Un des magnats de l'industrie allemande du ciment, von Prondzinski, fit chorus avec les affirmations de Borsig. Après s'être plaint avec amertume des succès du ciment belge qu'il attribuait à des manœuvres frauduleuses, il ajouta : « Si l'on envisage le remise en activité d'usines belges, il faut tenir compte de la situation particulièrement mauvaise dans laquelle se trouve l'industrie allemande. J'ai moi-même quatre usines dont une seule en activité et elle produit plus de ciment que je ne puis en vendre. Si la Belgique recommence à produire, ce pays est complètement perdu pour moi comme débouché. S'il était nécessaire pour des raisons sociales de reprendre la production en certains endroits, il n'y a rien à redire au point de vue humanitaire ; mais l'interdiction d'importation devrait subsister. *La Belgique ne devrait pas pouvoir en tout cas produire plus qu'elle ne consomme.* » Ainsi les intérêts allemands devaient en tout cas être saufs, dût-il s'ensuivre la ruine économique de la Belgique !

La commission se préoccupa ensuite de la question des réquisitions. L'article 52 du règlement de La Haye concernant les lois et coutumes de la guerre sur terre limite formellement les réquisitions de choses aux besoins de l'armée d'occupation et les proportionne aux ressources du pays. Or, von Bissing fut obligé de reconnaître formellement que, dans l'intérêt de l'industrie allemande, on n'avait tenu aucun compte de cette double restriction : « Les matières premières manquent, dit-il, parce qu'avant mon administration, au début de la guerre, *on les a enlevées sans ménagement*. D'ailleurs *des milliers de machines ont été transportées de Belgique en Allemagne...* ». M. Langen, représentant des autorités allemandes, reconnut que, fin janvier 1915, on avait exporté en Allemagne 65.000 balles de coton et que 4.300.000 kilog. de fil avaient été saisis dans les territoires de l'étape, dont une partie avait été vendue à des firmes allemandes. En ce qui concerne les tissages, le même personnage avoua que la plupart des installations belges avaient dû cesser le travail parce que les fabricants avaient été obligés de vendre leurs stocks de laine pour échapper à la saisie. Egalement les matières premières de l'industrie du chanvre avaient été saisies et emportées ; le jute et les fils fabriqués avaient aussi pris le chemin de l'Allemagne. Von Lumm exposa que la valeur des marchandises réquisitionnées et non payées s'élevait à plus d'un milliard ; et il faut remarquer que cette constatation avait lieu le 19 juin 1915, c'est-à-dire dix mois et demi après l'entrée des Allemands en territoire belge !

Il fut beaucoup dit, on le voit, dans cette conférence si instructive du 19 juin 1915 ; mais tout n'y fut pas révélé ; en réalité, toutes les branches industrielles et commerciales furent traitées comme celles dont il vient d'être question ; l'aveu en a été fait au sujet de l'industrie du verre par le Dr Goetze, syndic de l'Union des industriels verriers allemands. Dans une étude parue dans la *Wirtschaftszts der Zentralmächte* du 16 novembre 1916, Goetze constatait avec une satisfaction cynique que l'amélioration de l'industrie verrière allemande était le résultat des efforts faits en vue d'éliminer la concurrence belge en Allemagne et dans les pays neutres. Les verriers d'Outre-Rhin obtinrent, en effet, le retrait de certaines mesures prises en vue de restaurer l'activité verrière belge et la promulgation de l'interdiction de transit, d'exportation et d'importation des verres belges. C'était, comme pour les autres industries, la mort sans phrase au profit de la patrie allemande !

Ainsi fonctionna continuellement la politique d'exploitation à outrance et d'écrasement économique pour toutes les industries sans exception du pays occupé (*Raubwirtschaft*), même pour celles de ces industries qui n'avaient pas de rapport avec la guerre, telles que les fabriques de ciment et les verreries. Il fut reconnu d'autre part, notamment par Kirdorf, que l'Allemagne avait employé les matières réquisitionnées ou monopolisées non seulement pour son industrie propre mais encore pour se procurer chez les neutres, notamment en Suède et en Hollande, les matières indispensables à la guerre. M. Passelecq qualifiait avec raison cette opération de « *réquisition d'échange, indirecte ou à deux temps* ». « Un pareil procédé, ajoutait-il, fait de l'idée même de la réquisition une véritable dérision et la pose d'emblée comme dépourvue absolument de toute limite. En effet, s'il ne faut pas apprécier l'objet réquisitionné en lui-même mais uniquement pour sa valeur d'échange, en vue de permettre à la puissance occupante de se procurer les objets dont elle a besoin dans d'autres pays, on ne voit pas où les réquisitions pourraient s'arrêter » (1). Au point de vue juridique, ce raisonnement est irréfutable ; mais que valait-il pour les chefs allemands qui répondaient à toutes les réclamations que les questions de droit n'étaient pas leur affaire et seraient discutées à la paix !

(1) Brochure précitée : *La politique économique de l'Allemagne...*, p. 14.

CHAPITRE III

Les réquisitions dans les pays envahis. — Le pillage et le vol déguisés sous l'apparence de la réquisition. — Le chômage et le travail forcé.

En exécution du plan dont nous venons de tracer les grandes lignes, s'abattirent sur la France et sur la Belgique — ainsi du reste que sur les autres pays occupés — les réquisitions les plus lourdes, si tant est que l'on puisse parler même de réquisitions, car, suivant un délicieux euphémisme allemand on n'hésita point à « *aplanir les difficultés des lois de la guerre* » en la matière. Ce qui revient à dire que l'Allemagne s'établit en pays envahi comme maîtresse absolue des biens de toute espèce, qu'ils appartinssent à des particuliers, à des collectivités ou à l'État.

Dans son VIIIe rapport, du 16 avril 1917, publié par l'*Officiel* du 18 la commission française d'enquête instituée en vue de constater les actes commis par l'ennemi en violation du droit des gens s'exprime ainsi : « Les réquisitions furent continuelles » et elle en donne maints exemples. A Nesle, en mars 1915, l'Intendance s'empara d'une grande quantité de blé qui avait été mise en réserve pour les besoins de la population; elle obligea ensuite les maires à lui acheter de la farine contre argent comptant. Dans la même année, elle saisit la totalité de la récolte des céréales après avoir exigé une somme de 6.896 fr. pour travaux de labour et fournitures de semences; puis elle se fit encore payer ce qui était nécessaire pour la nourriture des chevaux (1). Les grands personnages usaient des mêmes procédés que les subalternes ; après avoir choisi dans la quincaillerie Grônier, à Ham, divers objets, le grand-duc de Hesse se libéra avec la promesse d'un bon qui ne fut même pas délivré (2). L'exemple des hauts chefs ne fut point perdu ; les nombreux carnets de route saisis sur les prisonniers indiquaient que, sous prétexte de réquisition, les soldats s'attaquaient à tout, surtout aux vivres de toutes sortes : conserves, confitures, vins, champagne, cognac, liqueurs, cigares, bière, pain, animaux de basse-cour, porcs, bœufs, moutons, etc. M. de Dampierre (3) cite notamment les impressions d'un sous-officier du 177e régiment d'infanterie, d'un réserviste du 12e d'infanterie de réserve, d'un grenadier saxon et d'autres encore que l'on peut résumer ainsi : goinfrerie, ivrognerie, débauche.

Quelquefois, pour donner à leurs déprédations un semblant de régularité, les Allemands remettaient des bons de réquisition ; ainsi agirent-ils notamment à Denain vis-à-vis des représentants de la Société française de constructions mécaniques. Les bons, afférents à 50.000 tonnes au moins de matériel et de matières premières, étaient au nombre de 2.195. Or, les mentions portées sur ces bons étaient tellement incomplètes et mensongères que le directeur des ateliers, M. Auguste Thomas, dut protester par une lettre du 10 juillet 1917 (4).

Le génie du vol inspira aux Allemands en matière de réquisition une des fourberies les plus insignes qui

(1) Cf. le IXe rapport de la commission d'enquête du 24 mai 1917.

(2) VIIIe rapport de la commission d'enquête du 16 avril 1917.

(3) *L'Allemagne et le droit des gens*, 1915, pp. 155 et s. Voir également les faits cités par M. Fauchille : *Les attentats allemands contre les biens et les personnes en France et en Belgique ; Revue générale de droit international public*, 1915, pp. 384 et s.

(4) *XIe rapport* de la commission française d'enquête du 14 novembre 1918. *Officiel* du 23 novembre.

aient jamais été inventées. Dans certaines villes, notamment à Saint-Quentin, les marchandises de première nécessité, réquisitionnées sans payement d'aucune sorte, furent mises en vente et les habitants durent naturellement s'adresser à l'occupant qui les détenait. N'ayant rien payé lui-même, ce dernier exigea le paiement et encore en monnaie française. Ainsi il commençait par voler et puis il faisait argent de son vol ; jusque-là c'était le procédé classique ; mais voici mieux. A Roubaix, l'occupant avait laissé continuer le travail par certains établissements industriels ; ces établissements devaient acheter, toujours en monnaie française, à l'administration allemande le charbon préalablement réquisitionné par elle. Les Allemands payés effectuaient la livraison de la marchandise ; mais, bientôt après, ils la réquisitionnaient avec ou sans bons. Puis, quand les industriels, privés de combustible, demandaient à s'en procurer à n'importe quel prix, l'occupant, bon apôtre, leur revendait le même charbon un peu plus cher que la première fois et toujours en monnaie française. Ensuite, nouvelle réquisition, et nouvelle vente, et ainsi de suite jusqu'à ce que l'industriel écrasé, à bout de ressources eût fermé son usine (1). Quel est le nouveau Molière qui immortalisera, pour l'édification des générations futures, cette fourberie du Scapin germanique?

Les Allemands s'attaquaient à tout ; dans les ménages où les fils, les maris et les pères étaient absents, ils ramassaient les vêtements sous forme de réquisition plus ou moins vague et les expédiaient en Allemagne. A Valenciennes, ils réquisitionnèrent les dentelles et payèrent à raison de 3 francs le kilo, au poids ! Ils réquisitionnaient également les linons et fils à mains et s'en servaient pour fabriquer des sacs à terre ! (2).

En Belgique, nous retrouvons les mêmes faits. Le XIIIe

(1) Fauchille, *op. cit.*, *loc. cit.*, p. 290, *note*.
(2) *Temps* du 6 novembre 1918.

rapport de la commission d'enquête constituée le 7 août 1914 par arrêté du ministre de la Justice pour constater les violations du droit des gens commises par les Allemands indique les procédés pratiqués par l'occupant vis-à-vis des produits les plus importants des régions envahies (1). Les réquisitions des chevaux reproducteurs, des juments et des poulains visaient, suivant la tactique habituelle, à enrichir l'élevage allemand et à ruiner l'élevage belge. La race belge des chevaux de trait fut toujours fameuse en Belgique et à l'étranger; dans les vingt dernières années, les cultivateurs encouragés et soutenus par le gouvernement avaient réussi à porter l'élevage à un tel degré de perfection que cette branche de l'activité nationale était devenue une source importante de richesse. La plupart des pays continentaux et spécialement l'Allemagne étaient les clients de l'industrie belge; les Allemands importaient chaque année de Belgique pour plus de 24 millions de chevaux.

Sitôt la guerre déclarée, les meilleurs reproducteurs furent enlevés et vendus aux agriculteurs allemands par les soins du ministère de l'agriculture et des sociétés agricoles. Pas de paiement ou paiement à des prix infimes; le plus souvent réquisition sans délivrance de bons ou pour une très faible partie des animaux enlevés. Les bons, au surplus, étaient irréguliers, sans cachet ni signature, sans description des animaux ni indications relatives à la fixation du prix. Les Allemands joignaient la moquerie au pillage; les cultivateurs recevaient des reçus sur un chiffon de papier avec quelques mots griffonnés presque illisibles. On y lisait, quand on pouvait lire : « bon pour un seau d'eau, pour un lapin, pour être fusillé, payable à Paris par le Président de la République française, etc. » (2). Quand ils ne pouvaient enlever les chevaux, les chefs les faisaient brûler. Ainsi, dans une localité du Luxem-

(1) *Rapports de la commission*, II, pp. 7 et s.

(2) *Rapports, loc. cit.* et volume Ier *préface* de M. Van den Heuvel, p. 19.

bourg, un étalon de 50.000 francs fut brûlé dans son écurie en présence du chef de culture, de sa femme et de ses enfants, forcés d'assister à ce spectacle à genoux et les bras levés. Ailleurs, les officiers abattaient les poulains et les juments à coups de fusil, de revolver, de lance et de baïonnette. Les soldats, dans leurs razzias, étaient assistés de spécialistes qui leur donnaient des renseignements sur la valeur des animaux. Ces razzias, étaient savamment organisées ; des affiches étaient apposées, ordonnant le rassemblement des animaux, à un jour déterminé, devant une commission chargée de procéder soi-disant aux estimations et achats; des peines graves, des amendes énormes atteignaient les cultivateurs réfractaires. Les fonctionnaires allemands commençaient par se servir ; le reste des animaux était envoyé en Allemagne, où les journaux annonçaient les ventes. Seuls les agriculteurs de l'Empire en général ou de certaines provinces étaient admis aux enchères (1).

Le même XIIIe rapport de la commission d'enquête belge reproduit une relation de M. Castelein faisant fonction de président de la Chambre de commerce d'Anvers, du 18 mars 1915, où l'on retrouve les renseignements les plus édifiants au sujet des réquisitions de marchandises et matières premières (2). Nous ne pouvons ici entrer dans le détail et nous nous contenterons des chiffres globaux qui atteignirent, dans la seule ville d'Anvers, plusieurs centaines de millions. La plupart des marchandises saisies, qui n'étaient nullement destinées à l'armée et dont certaines n'avaient avec la guerre aucun rapport direct ou indirect, par exemple l'ivoire, furent emportées en Allemagne sur chariots automobiles. M. Castelein signalait encore les réquisitions qui avaient atteint les maisons maritimes et d'expédition, en frappant les nombreuses marchandises déposées pour leur compte ou sous

(1) Cf. les annexes I, II et III du XIIIe rapport belge ; II, pp. 12 et s.
(2) *Rapports* précités, *loc. cit.*, pp. 13 et s.

leur sauvegarde dans les hangars-magasins et entrepôts. Ici l'incroyable diversité des produits réquisitionnés défiait toute description ou évaluation même superficielle. M. Castelein ajoutait les réquisitions en masse effectuées, dans les usines alimentaires, chimiques et métallurgiques, en matières premières et produits fabriqués, spécialement en métaux et surtout en poutrelles de cuivre. Les marchands de bois furent à leur tour dévalisés de stocks considérables expédiés à Berlin, ce qui épuisa totalement la matière première.

Des réquisitions semblables à celles que nous venons d'indiquer furent exercées, toujours sans formalités ou avec des formalités dérisoires, dans tous les centres industriels belges. Le correspondant liégeois d'un journal de Maestrich traçait, en novembre 1916, le tableau le plus sombre de la vie des populations ouvrières chassées des ateliers par l'envahisseur et des patrons ruinés par les réquisitions et le chômage. Dans leur plan machiavélique, les Allemands, après avoir créé le chômage, sévissaient contre les chômeurs, empêchant systématiquement qu'on vînt à leur secours, afin de pouvoir obtenir des sans-travail mourant de faim des engagements prétendus volontaires pour les entreprises de Belgique et d'Allemagne qui manquaient de bras. Ainsi l'industrie nationale allemande aurait été alimentée à la fois en matières premières volées et en travailleurs. Seulement, s'il était facile de s'emparer des matières, il était moins aisé de décider la population au travail soit en Belgique, soit surtout en Allemagne.

Au début, l'administration allemande procéda par la manière douce et essaya de la persuasion. Des proclamations de von der Goltz et de von Bissing, gouverneurs généraux de la Belgique, des 2 et 16 septembre 1914, firent connaître que, si le travail interrompu en Belgique était repris, la sécurité renaîtrait ; que l'Empereur avait surtout souci de protéger les faibles, etc. etc. (1). Puis,

(1) XVIIIe rapport de la commission belge. *Rapports*, II, p. 80.

en présence de la résistance des patrons et ouvriers, la menace apparut; le lieutenant-général von Vestarp, s'indignant de la résistance aux invites allemandes, fit afficher, le 10 juin 1915, sur les murs de Gand, une proclamation où il était dit : « l'attitude des fabriques qui refusent de travailler pour l'Allemagne sous prétexte de patriotisme prouve que la population veut susciter des difficultés à l'occupant ». Et la conclusion était que de telles menées seraient réprimées par tous les moyens, les autorités communales étant rendues responsables du refus de travail.

En outre, des arrêtés des gouverneurs généraux des 14 et 15 août instituaient les *travaux forcés* soit pour l'armée allemande soit pour toutes autres besognes dont les autorités jugeraient l'exécution nécessaire. Le 12 octobre, une ordonnance du lieutenant-général von Unger, inspecteur d'étape, décrétait le travail forcé et obligatoire pour tous les Belges, sans aucune espèce d'excuse possible. Enfin, le dernier pas fut franchi. Mettant en avant le principe de la protection des travailleurs menacés de famine par le chômage, faisant sonner bien haut les grands mots de : « responsabilité morale des pouvoirs publics; nécessités du négoce, de l'industrie et de l'agriculture; imminence de famine, crainte de rébellions, etc., » le grand quartier général décréta à nouveau, le 3 octobre 1916, le travail forcé, en ajoutant qu'il pourrait être réclamé *même en dehors du domicile des intéressés* (1). Dans cette adjonction étaient contenues en germes toutes les atrocités futures; pour appliquer les dispositions de l'ordre du 3 octobre, l'autorité allemande réclama les listes des chômeurs aux municipalités qui les refusèrent et furent frappées de pénalités, avec cette observation hautaine : « l'état de choses est simple; l'autorité militaire commande; la ville obéit ». Finale-

(1) Passelecq, *Les déportations belges*... pp. 191 et s.

ment intervinrent ces déportations lamentables du Nord de la France et de la Belgique, véritable retour à l'esclavage, défi insultant à la conscience du monde civilisé. Nous n'insistons pas sur cet abominable épisode de l'occupation allemande, car il a déjà fait l'objet d'une étude détaillée de notre collègue M. Basdevant, dans les publications antérieures du *Comité* (1). Nous avons voulu simplement montrer comment la guerre économique allemande était dirigée à la fois contre les ressources et les travailleurs des pays envahis.

Dans la Belgique entière, un réseau systématique de réquisitions illégale vint couvrir tous les actes de pillage. Dans la région de Gand, l'autorité militaire saisissait les chevaux et les vaches par centaines ; elle autorisait l'achat en Hollande du bétail dont elle s'emparait sitôt la frontière passée. Elle agissait de même vis-à-vis des pommes de terre également achetées en Hollande avec son autorisation et payées par les communes. Elle faisait saisir sur les marchés les pommes de terre hâtives, sous le prétexte que la mise en vente avait commencé avant la date fixée. Elle s'attaquait à tout dans les campagnes : foin, paille, blé, avoine, céréales de toute espèce, donnant toujours des bons sans indications précises et payables d'une manière vague après la guerre sans dire où ni comment. Tous les peupliers furent saisis, province par province, spécialement les plus beaux, parmi lesquels ceux d'Hertogenwald ; les chefs militaires en arrivèrent à saisir les noisettes et les noix. Tout propriétaire convaincu d'avoir fait une déclaration inexacte et de n'avoir pas livré toute sa cueillette se voyait frappé de trois mois de prison et de 1.000 francs d'amende.

Von Bissing eut, à propos des bicyclettes, une invention véritablement géniale ; il avait supprimé l'usage de

(1) *Les déportations du Nord de la France et de la Belgique en vue du travail forcé et le droit international*, III, 1917.

cet instrument dès son arrivée en Belgique par la menace de la confiscation. Puis il l'avait encouragé de façon à lui faire prendre un développement extraordinaire; à ce moment, par un arrêté du 22 août 1916, il réquisitionna d'un trait de plume toutes les machines, enveloppes, chambres à air, y compris les déchets. Ainsi fut opérée une rafle fructueuse qui ruina du coup l'un des rares commerces du pays, car faute d'autres moyens de transport, tous les Belges, jeunes et vieux, ouvriers et gens du monde, s'étaient habitués à l'usage de la bicyclette, sur la foi des promesses allemandes violées une fois de plus (1).

A partir de la seconde moitié de 1917, les Allemands sous le couvert des réquisitions, vidèrent la Belgique de tout ce qui pouvait y rester encore. A Bruxelles, ils enlevèrent les derniers chevaux et mules, les bateaux, le cuivre, les vêtements, la literie, les chaussures, les harnais, les pierres lithographiques, les articles de luxe, etc. Les derniers ateliers et usines cessèrent leur production. Les réquisitions, constate M. Passelecq, étaient permanentes et incessantes; on réquisitionnait non seulement ce qui était nécessaire en nature et en quantité, à l'entretien des armées de passage et d'occupation, mais encore des quantités bien supérieures à leurs besoins et une foule de choses étrangères à leur consommation. « Tout, dit-il, fut passé au crible, vanné, ventilé, enlevé successivement et itérativement, avec une application et une méthode également caractéristiques ». La malheureuse Belgique fut saignée à blanc; elle était devenue une fraction de l'Empire que les Allemands entendaient bien conserver à la paix victorieuse et où ils se conduisaient en maîtres absolus et souverains contrairement à l'article 43 du règlement de

(1) *Rapports belges*, *loc. cit.*, pp. 133 et s. Cf. van der Essen, *Petite histoire de l'invasion et de l'occupation allemandes en Belgique*, 1917 p. 85.

La Haye concernant les lois et coutumes de la guerre sur terre, qui n'accorde à l'occupant qu'un simple *pouvoir de fait* laissant intacte à la base l'autorité du souverain légal et se limitant strictement aux *nécessités de l'occupation.*

Les mêmes réquisitions excessives constatées en France et en Belgique se produisirent dans tous les pays envahis : Serbie, Roumanie, Russie, etc. Tout fut utilisé sur place, emporté ou détruit et les populations réduites à la famine ; ceux qui se hasardaient à demander des reçus des choses livrées étaient menacés de mort. Les simples soldats s'attribuaient le droit de réquisition aussi bien que les officiers ; quand des reçus étaient donnés par hasard, c'était sous une forme grotesque : « Le roi Pierre payera à son retour ; à mettre au compte de M. Pachitch ou du voïvode Putnik », etc. (1). En Roumanie, les occupants réquisitionnèrent tout ce qui était à leur convenance, donnant en échange des espèces de billets spécialement fabriqués pour cet usage et ayant cours forcé. En Pologne, la région industrielle de Lods fut soumis, dès le début, aux mêmes enlèvements de matériel et de machines que la Belgique. La valeur des choses réquisitionnées, suivant une évaluation très approximative, s'éleva à un milliard, deux cent cinquante millions de francs (2). Les mêmes procédés qu'en France et en Belgique furent employés vis-à-vis des ouvriers, en sorte que les usines ennemies travaillèrent presque constamment avec la main-d'œuvre étrangère qui libérait ainsi des quantités de combattants. Le capital humain, aussi bien que le capital matériel, alimentèrent, ici comme partout, la guerre économique.

(1) *Livre bleu serbe* de 1916, p. 55.
(2) Passelecq, *op. cit.*, p. 421.

CHAPITRE IV

Les vols, pillages et dévastations érigés en système et pratiqués au grand jour. — L'entreprise de brigandage et la ruée collective vers la proie.

Nous venons de voir, dans les explications qui précèdent, le vol et le pillage se dissimuler, d'une manière plus ou moins adroite, sous l'apparence d'une réquisition, irrégulière du reste le plus souvent, parfois ironique et injurieuse. Nous allons maintenant arriver à ce qui fut la règle générale, c'est-à-dire au vol, au pillage et à la dévastation s'exerçant au grand jour, sans aucun scrupule de forme et, dans certains cas, avec une véritable ostentation. C'était bien alors la guerre *capitaliste* avec son but clairement et nettement poursuivi ; ce procédé, du reste, cadrait merveilleusement avec les doctrines allemandes de guerre. On sait, en effet, que les théoriciens allemands affirment que la guerre doit être dure, sans pitié ni merci, afin de frapper l'adversaire de terreur et de l'amener à demander la paix le plus rapidement possible. Or la dévastation, le vol et le pillage vont de pair avec les violences exercées sur les personnes pour produire cette terreur nécessaire. C'était donc habituellement par ordre que se produisaient le vol, le pillage et le butin qui devenaient ainsi de véritables opérations stratégiques et rentraient dans le cadre de la guerre économique *officielle*.

Pour justifier la conduite des troupes allemandes en 1870-71, Bluntschli avait cru pouvoir dire : « Lorsque le soldat trouve les portes de son cantonnement closes et les vivres intentionnellement dégradés et enterrés, la nécessité le contraint à faire sauter ces portes et à rechercher les provisions; *dans sa juste colère*, il lui arrive de fracasser une glace et de chauffer le poêle avec les meubles mis en pièces » (1). Nous avons déjà fait observer ailleurs que de pareilles justifications ne sont pas sérieuses, car tout le monde a le droit de fermer sa maison et d'enterrer ou de détruire des vivres précisément pour qu'ils ne servent pas aux ennemis du pays (2). Mais il faut avouer que le juriste d'Heidelberg paraîtrait bien naïf et arriéré aux Allemands d'aujourd'hui. Ce n'est plus sous l'empire d'une colère plus ou moins légitime et d'une façon isolée que les dévastations et vols se sont produits, mais en troupe commandée, froidement et systématiquement, par application et la théorie de la « *raison de guerre* », chère aux auteurs allemands et dont nous avons démontré ci-dessus l'hypocrisie et la fausseté. La guerre économique ainsi exercée par nos ennemis s'est adressée à toutes les branches de la fortune privée et publique; aux immeubles comme aux meubles et aux effets mobiliers.

Nos cathédrales et les plus humbles églises ; les châteaux et les chaumières ; les maisons des villes et les fermes ont été visés constamment par les tirs de l'artillerie terrestre, maritime et aérienne aussi bien que par les grenades et les divers engins incendiaires. Les biens de toute nature des particuliers, des collectivités et de l'Etat ont été livrés à un pillage systématique : meubles, meublants, vêtements, bijoux, linge, pendules, pianos, lustres, livres, tableaux, marbres, bronzes, objets du culte, orgues, cloches, etc. Le côté artistique, littéraire ou scientifique de certaines richesses a plus particulière-

(1) *Op. cit.*, art. 659.
(2) Cf. notre *Traité* précité de *droit public international*, loc. cit., pp. 420 et s.

ment excité la cupidité des *collectionneurs d'outre-Rhin*, acquérant, soit pour l'Etat, soit pour eux-mêmes ; et c'est ainsi que les trésors de nos musées, églises, bibliothèques, archives, aussi bien que ceux des collections particulières : tableaux, estampes, pastels, bronzes, marbres, porcelaines, émaux, médailles, ivoires, livres, manuscrits ont été soigneusement emballés et expédiés en Allemagne par tous les moyens de transport. Enfin le pays tout entier, en exécution de prétendues nécessités stratégiques, est devenu un désert, le fameux glacis d'Hindenburg qui devait laisser la place nécessaire aux manœuvres militaires. La terre elle-même a été ravagée systématiquement, de façon à la rendre improductive durant des années ; les vergers et jardins saccagés, les arbres fruitiers et autres coupés au ras du sol, les puits et citernes détruits ou contaminés.

Nous ne pouvons entrer dans le détail de toutes ces horreurs qui constituent l'un des aspects principaux de la guerre économique allemande ; et nous allons nous borner à quelques détails probants, en insistant surtout sur la période qui suivit le moment où les armées allemandes durent se replier, en 1918, sous la poussée du généralissime Foch (1).

Voici comment s'exprime le rapport, du 17 décembre 1914, de la commission française d'enquête : « Plus encore que le meurtre, l'incendie est un des procédés usuels de nos adversaires. Il est constamment employé par eux, soit comme élément de dévastation systématique, soit comme moyen d'intimidation... En ce qui concerne le vol, nos constatations ont été incessantes et nous n'hésitons pas à dire que, partout où une troupe

(1) Consulter pour l'ensemble des faits dans la période antérieure les deux publications du *Comité* : Pillet ; *Les violences allemandes à l'égard des non-combattants*, II, 1917 et Fauchille ; *L'évacuation des territoires occupés par l'Allemagne dans le Nord de la France* — février-mars, 1917 — IV, 1917.

ennemie a passé, elle s'est livrée, en présence de ses chefs et souvent même avec leur participation, à un pillage méthodiquement organisé. Les caves ont été vidées jusqu'à la dernière bouteille ; des coffres-forts ont été éventrés ; des sommes considérables ont été dérobées ou extorquées ; une grande quantité d'argenterie et de bijoux, ainsi que des tableaux, des meubles, des objets d'art, du linge, des bicyclettes, des robes de femme, des machines à coudre et jusqu'à des jouets d'enfant ont été placés sur des voitures et dirigés sur la frontière... (1). La même commission, dans son rapport du 8 décembre 1915, ajoutait : « Le pillage a été incessant ; aussi nous n'en faisons plus mention, à moins qu'il n'ait été accompagné de circonstances et de procédés qui en aggravent l'ignominie... » (2) C'est avec raison que M. Viviani flétrissait de pareils procédés du haut de la tribune française en les qualifiant de « système de meurtres et de pillages collectifs que l'Allemagne appelle la guerre ». Il est vrai que le ministre songeait à la guerre ordinaire que font les nations civilisées et non à la guerre économique et capitaliste qui chez l'Allemand accompagne et prime l'autre guerre.

Dans le pillage systématique des pays envahis certains faits ont attiré plus spécialement l'attention à raison de la haute qualité des pillards. Le château de Baye fut pillé de font en comble par un très haut personnage, car, sur la porte de la chambre du baron de Baye où il avait couché, était restée une inscription à la craie ainsi libellée : « *L. K. Hoheit* ». M. Houllier, conseiller municipal, tenait d'un général qui avait logé chez lui que le château avait abrité le duc de Brunswick; d'autres ont attribué le méfait au Kronprinz (3). A l'exemple de son frère ou beau-frère, le prince Eitel

(1) *Rapports et procès-verbaux* de la commission d'enquête ; I, p. 9.
(2) *Op. cit.*, V, p. 7.
(3) *Op. cit.*, I, p. 17.

Frédéric de Prusse vola les meubles précieux, objets d'art, tableaux, etc. des châteaux où il séjourna, notamment en 1915 ceux du château du Frétoy appartenant à M. Dubois, conseiller référendaire à la Cour des comptes, ainsi que du château d'Avricourt d'une grande valeur artistique, qui fut détruit de fond en comble dans la nuit du 13 au 14 mars 1917. Les mêmes personnages firent emballer sous leurs yeux, dans un château de Liège où ils avaient séjourné, toutes les robes qu'ils purent trouver dans les armoires de la châtelaine et de ses filles (1). En décembre 1918, on a retrouvé à Bruxelles 33 caisses étiquetées au nom du prince Ruprecht de Bavière, qui contenaient des œuvres d'art provenant des collections pillées dans le Nord de la France (2).

Lille fut absolument vidée ; des équipes spéciales dévalisèrent et détruisirent les usines de la ville et des faubourgs, pillant les magasins et les maisons des particuliers signalées comme riches. Au palais des Beaux-Arts, dès septembre 1914, furent enlevés les peintures, dessins et œuvres d'art, notamment les célèbres dessins de Raphaël, de précieuses pièces numismatiques et miniatures. Cet enlèvement fut fait sous la direction du Dr Demmler, conservateur du Muséum de Berlin venu exprès à Lille. Lors de la retraite de 1918, les Allemands se livrèrent à un pillage définitif, expédiant en Allemagne tout ce qui pouvait être emporté par tous les moyens de transport. M. Vandamme, député de Lille, fit savoir à ses collègues du Parlement que les habitants avaient été dépouillés de tout, y compris les matelas et la literie. Les chefs ne se gênaient pas pour s'approprier tout ce qui tentait leur convoitise et donner à des femmes de mauvaises mœurs des objets soustraits par eux dans les maisons où ils étaient installés. Si une plainte ou une

(1) Mirman, Simon et Keller, *Leurs crimes*, 1916, p. 10.

(2) *Echo de Paris* et *Temps* du 8 décembre 1918.

réclamation se produisait, l'autorité supérieure répondait que les officiers devaient être considérés comme propriétaires de ce qui garnissait leur logement, et que, dès lors, les personnes en faveur de qui ils en disposaient n'étaient pas coupables de recel.

Les métiers, les appareils d'électricité, les machines, les matières premières et la totalité des métaux furent emportés ; les Allemands qui, durant leur séjour avaient épargné l'usine de Wasquehal, la démolirent en partie, n'ayant pas le temps de la faire sauter. Cette mise hors d'usage des établissements industriels français qui fut partout généralisée est particulièrement symptomatique. Les commissaires enquêteurs disent à cet égard avec raison, dans leur onzième rapport du 14 novembre 1918, que « dans les départements envahis, les Allemands se targuaient volontiers de faire la *guerre économique*. Ils ajoutent : « L'expression n'est pas assez forte. Ce dont, en effet, nous avons vu les résultats lamentables, ce n'est pas le règlement par les armes d'un différend entre nations ; c'est une véritable *entreprise de brigandage*, à laquelle l'Allemagne tout entière a participé d'un même cœur depuis les chefs supérieurs jusqu'au simples soldats ; c'est avec autant de brutalité mais avec, en plus, l'organisation et la discipline, la *ruée antique vers la proie...* »

Les Allemands se signalèrent à Lille par un trait absolument ignoble, se faisant dans leur guerre atroce les auxiliaires de la diphtérie et du croup. Ils enlevèrent, en effet, les trois derniers chevaux producteurs du sérum antidiphtérique, alors que ces animaux étaient impropres à tout service et n'étaient même pas ferrés. Par lettre du 15 octobre 1918, le Dr Calmette protesta auprès du maire de Lille et porta sa protestation à la connaissance des académies et sociétés savantes du monde entier. L'Académie d'agriculture de Paris, flétrissant des procédés contraires à la fois au droit international et à l'humanité, décida de n'avoir plus de rapports avec les savants d'outre-Rhin jusqu'à ce qu'ils eussent répudié les doctrines de leurs gouvernants. Les académies des sciences et de médecine prirent la même décision.

A Douai, un grand nombre de maisons furent détruites par l'incendie ; la population reçut l'ordre de se préparer à une évacuation imminente et fut dirigée sur Saint-Amand-les-Eaux. Après cette expulsion, un pillage effréné se déchaîna de toute part; les meubles de valeur, les objets d'art, l'argenterie, les livres, les pianos furent chargés sur des bateaux qu'on voyait passer chaque jour à Saint-Amand. Le surplus fut abandonné à la rapacité de la troupe, qui put alors donner libre cours à ses instincts de vol et de destruction. Douai, en effet, suivant la commission française d'enquête : « offrait le spectacle caractéristique d'une ville saccagée par la soldatesque ». Ce qui n'avait pas été pris était brisé; les grandes glaces des magasins étaient fracturées d'un coup en plein milieu ; les quelques armoires qui subsistaient encore étaient vides ; les objets en porcelaine et en cristal pulvérisés ; les coffres-forts défoncés, les canapés, fauteuils, sommiers éventrés ; les tableaux enlevés de leurs cadres. Dans les maisons des commerçants, c'était un chaos indescriptible ; le pied ne posait que sur des débris ; les livres de comptabilité gisaient à terre lacérés ; dans les bijouteries, les écrins, au milieu d'autres épaves, étaient ouverts sur le plancher; les cours étaient encombrées de mille objets mutilés, parmi lesquels on trouvait jusqu'à des jouets d'enfants. Dans l'église Saint-Pierre, où les tuyaux d'orgue avaient été arrachés, les ornements sacerdotaux souillés étaient épars sur les dalles, pêle-mêle avec les objets les plus hétéroclites.

Le musée de Douai fut encore plus maltraité que celui de Lille. Les Allemands, au début de 1917, transportèrent à Valenciennes une grande partie des tableaux, soi-disant pour les mettre à l'abri des bombardements britanniques. Plus tard, nombre de pièces intéressantes furent encore enlevées ainsi que des collections particulières ; les officiers et soldats emportaient pour eux les objets de petit volume à leur convenance. Enfin, après l'évacuation totale de la population qui eut lieu dans les premiers jours de septembre, les caves du musée qu'on avait bondées de meubles furent complètement pillées. La rapacité de la kommandantur s'exerça non seulement sur les collections d'art mais encore sur les établissements scientifiques. C'est ainsi que les laboratoires de l'Institut Pasteur de Lille furent dépouillés d'une partie importante de leur matériel au cours de diverses perquisitions. Au début, les réquisitions avaient porté presque exclusivement sur le cuivre ; mais, sous l'autorité du commandant von Hellingrath, elles s'étendirent, en 1918, aux objets de toute espèce. Ce fut alors une avalanche de perquisitions brutales. Les fauteuils furent éventrés, les boiseries forcées, les jardins fouillés et bouleversés. A la fin de 1917, les coffres-forts du Crédit du Nord et de la banque Dupont avaient été transférés hors de la ville. Le 3 septembre 1918, les particuliers furent convoqués pour ouvrir eux-mêmes les compartiments par eux loués ; l'ouverture eut lieu en présence d'un officier du contrôle des banques et de deux soldats munis de lourdes masses de fer. Les déposants durent verser tout ce qui leur appartenait, dans des sacs en mauvais état ; quant aux coffres des absents ils furent fracturés par les soldats (1).

La ville de Saint-Quentin fut anéantie sous les ordres du lieutenant baron de Hadeln, historien d'art, délégué au grand quartier général, assisté du lieutenant Keller, architecte à Berlin. Les officiers emportèrent d'abord les meubles, l'argenterie, les pianos, les pendules et

(1) Voir au sujet des pillages de Lille et de Douai, les rapports de la commission française d'enquête des 31 octobre et 14 novembre 1918, *Officiels* des 5 et 23 novembre.

tableaux de valeur soigneusement emballés pour l'Allemagne. Puis vint le pillage des sous-officiers qu'on vit faire sauter les coffres-forts des banques, et enfin des soldats, qui expédièrent outre-Rhin une quantité de colis embarqués dans des voitures régimentaires et enregistrés par les compagnies de chemins de fer. En divers points, notamment sur la route de Cambrai, furent constitués des dépôts d'objets précieux aussitôt envoyés à l'arrière. Il ne restait plus dans les maisons de Saint-Quentin que des meubles brisés et des objets sans valeur (1). L'Allemand aurait voulu s'approprier surtout les fameux pastels de La Tour, dont l'odyssée fut fameuse ; ils furent transportés à Maubeuge ; pendant longtemps on les crut en Allemagne ; finalement les Français les retrouvèrent intacts. Ils faisaient surtout l'objet des préoccupations du baron de Hadeln, qui, après avoir publié un catalogue des objets *sauvés* dont se composait le musée improvisé de Maubeuge, déclarait que, sans les soins de l'Allemagne, aucun de ces objets n'aurait échappé au vandalisme français et que spécialement les pastels de La Tour auraient achevé de moisir au musée Lécuyer, où cependant ils avaient été soigneusement mis à l'abri de toute aventure. Le critique et historien d'art, tout en affirmant que les Allemands n'étaient pas des voleurs, opinait cependant qu'ils devraient restituer les pastels... « quand la France aurait rendu tout ce que Napoléon Ier avait pris à l'Allemagne » (2). Et, de fait, de l'autre côté du Rhin, on avait dressé la liste des œuvres d'art prises par les Français dans les collections publiques et privées, et que Guillaume de Humboldt avait négligé d'y faire rentrer après la paix de Paris. Seulement on oubliait de mentionner que la plupart de ces œuvres d'art étaient

(1) *Temps* et *Figaro* des 16, 19, 20 août et *Débats* des 17 et 20 août 1917.

(2) Cf. l'article de M. Elie Fleury, directeur du *Journal de Saint-Quentin* dans la *Revue hebdomadaire* (août 1918) et *Débats* du 22 août 1918.

devenues la propriété légitime de la France à la suite de conventions régulières et définitives (1).

Château-Thierry fut repris par nos troupes après cinquante et un jours d'occupation allemande (1er juin au 21 juillet 1918). Le correspondant de guerre du *Figaro* disait, dans un article adressé à son journal le 22 juillet : « Il n'est point possible de concevoir un pillage plus complet, une mise à sac mieux achevée. Il faut vraiment que chaque Allemand ait en lui l'âme d'un cambrioleur et le génie du brigandage pour mettre une ville dans un tel état. Pas une maison, pas un magasin, pas une boutique qui n'ait été vidée de fond en comble. Au pillage individuel s'ajoutait le pillage officiellement organisé. Dans l'église on avait amassé en montagne tous les objets de cuivre et de plomb que l'on avait pu rafler dans la ville : robinets de fontaines, boutons de portes, casseroles, tuyaux de canalisation et mille autres objets en métal aussi précieux pour l'ennemi. De grandes caisses, prêtes à être expédiées, contenaient du linge, des draps, des vêtements pour hommes et pour dames et jusqu'à des vêtements sacerdotaux ; le temps manqua aux Allemands pour les emporter. Quant aux objets qu'ils ne purent enlever à cause de leur poids ou de leur encombrement, ils furent brisés et saccagés. Il ne reste plus une épingle dans la ville ».

Soissons, Montdidier, Cambrai furent traités avec des procédés pareils. Cette dernière ville, est-il dit dans le XIe rapport de la commission française d'enquête du 14 novembre : 1918 « offre, comme Douai, le spectacle de la dévastation systématique et porte les traces d'un pillage général... beaucoup de maisons ont été totalement détruites par les explosifs ou par le feu. Il est à remarquer que ces destructions totales comprennent des groupes importants d'immeubles et forment des zones définies

(1) Cf. notre *Traité de Droit public international*, IIIe partie, tome pp. 467 et s.

évidemment choisies à dessein ». C'était, du reste, ce que constatait une note du lieutenant-colonel W. Wittewell commandant du génie de la 73e division britannique. Le rapport de la commission d'enquête ajoute : « dans un hangar municipal situé entre le boulevard Faidherbe et le chemin de fer, nous avons vu un immense amas d'objets de toute espèce, parmi lesquels se trouvaient pêle-mêle des tapis roulés, des pièces d'étoffe, des buffets, des pianos, des lits, des chaises, des fauteuils, des sommiers, des baignoires, des armoires sculptées, des livres reliés et jusqu'à des ornements sacerdotaux. Aux deux extrémités étaient superposées, en quantité considérable, des balles de fibre de bois destinées à l'emballage ».

On retrouvait la même spectacle à Laon, La Fère, Roubaix, Seclin, Denain, Valenciennes, Sedan, etc. Dans sa visite de fin décembre 1918 aux régions envahies, le Président de la République constatait qu'à Rethel, 63 0/0 des maisons avaient été complètement détruites; qu'à Vouziers le tiers de la ville n'existait plus et qu'à Charleville la plus grande partie de la gare avait été détruite par l'explosion (1). Dans son ouvrage intitulé : « *Le martyre de Lens. Trois années de captivité* », paru en 1918, M. Basly, député, maire de Lens, fait la tragique description des mines « *étouffées, noyées, assassinées* ». Et voici, d'autre part, comment s'exprimait M. Portail, sénateur de l'Aisne, qui visita les régions abandonnées, en compagnie du chef de l'État, après la retraite allemande : « A Soissons, Laon, Saint-Quentin, tout est à peu près détruit. Pas une maison n'est habitable. Partout quel effroyable chaos! Massif du Laonnois, du chemin des Dames, forêts de Pinon, Chavignon, Jouy, Malmaison, tout est dans un état indescriptible; rien n'en peut donner une idée, pas même la photographie! Les maisons qui

(1) *Débats* du 27 décembre 1918.

semblent encore debout ne sont que des squelettes, des pierres calcinées à l'intérieur. C'est un horrible amas de débris qui trahit la rage effroyable de carnage à laquelle l'ennemi s'est abandonné au moment de la retraite. Partout, les routes, le sol, ce qui reste des villes et des villages n'est plus qu'un ensemble de cratères de boue rempli de débris de ferraille, de fils de fer barbelés, de pierres, de troncs d'arbre, de choses sans nom dont la tragique horreur emplit d'amertume et de douleur ceux qui contemplent un pareil spectacle. On dirait d'une mer en furie, d'un chaos indéfinissable... »

Quand ils commencèrent à évacuer la Belgique, au cours de 1918, sous la pression des Alliés, les Allemands, comme en France, pillèrent, volèrent et détruisirent. Ils laissèrent en flammes Roulers et les autres villes, Zeebruge, etc. ; avant d'évacuer Bruges, il firent sauter l'aciérie brugeoise, détruisirent les ponts, pillèrent les habitations et les boutiques et emmenèrent les chevaux. Ostende échappa à la destruction parce que les soldats laissés en arrière pour faire sauter les mines placées en divers endroits de la ville avaient été trouvés ivres morts. A Bruxelles, au moment de l'évacuation, on signala nombre de cas de pillage de magasins et d'attaques contre les banques, les hôtels et les habitations privées. D'innombrables automobiles, camions et véhicules de toute espèce s'en allaient vers l'Allemagne, encombrés de meubles et d'objets pillés. Le bourgmestre, M. Lemonnier, signala que des extorsions de fonds considérables avaient eu lieu au détriment des habitants. Les Allemands enlevèrent du Palais des Académies les précieuses collections Stassart et Ducpétiaux ; ils détruisirent les archives. A la bibliothèque royale, dès le début de l'occupation, des *spécialistes* de la Kommandantur avaient réclamé les ouvrages de valeur emportés par charretées. La plupart des objets d'art enlevés des musées français et déposés à Bruxelles furent conservés et retrouvés grâce au dévouement de M. Fierens-Gevaert, conservateur des musées royaux, assisté par de nombreux Français et Belges. Il y eut également pas mal d'objets précieux pris dans les collections privées, telles que celles de la marquise d'Aoust et de Mlle Druon (1). Le feu fût mis aux gares de Schaerbek, du Nord, du Midi, de Haeren et de Stockel ; les dégâts furent incalculables ; de grandes quantités de wagons et de machines furent anéanties ; de nombreuses maisons furent abîmées et il y eut beaucoup de victimes. Près des wagons on découvrit des pastilles incendiaires, des mèches de cordite, des vis de règlage d'obus à retardement qui rendaient la préméditation évidente.

Comme en France, les Allemands avaient pris toutes les mesures pour anéantir les mines avant leur départ et, bien que, dans une note en date du 20 octobre 1918, le gouvernement allemand eût recommandé aux troupes de respecter la propriété privée, des instructions furent données prescrivant aux compagnies houillères de Belgique de remettre à l'ennemi toutes les matières premières, les mines devant être immédiatement détruites. Contre ce vandalisme imbécile protesta auprès du ministre suisse le cabinet de Washington, le 7 novembre ; et les Allemands craignant d'augmenter encore la note à payer, ajournèrent leur projet et finalement y renoncèrent. Le Gouvernement belge s'associa à la protestation des États-Unis, se réservant de faire valoir ses réclamations pour le cas où il serait passé outre.

Les pillages et exactions de France et de Belgique se retrouvèrent naturellement dans les autres pays envahis ; le système fut partout le même. La Serbie fut complètement dévalisée et des correspondances du *Journal des Balkans* annonçaient l'arrivée constante à Sofia de trains chargés de meubles, d'objets de toute espèce et de stocks

(1) *Illustration* du 30 novembre 1918.

considérables de fer et de cuivre. On pouvait lire dans la *Frankfurter Zeitung* du 24 décembre 1915 l'annonce de la vente par les soins de Geppert et Cie fournisseurs de la Cour de Bade de « vins blancs fins de Semendria, année 1915, provenant des domaines du roi Pierre, équivalants pour le prix et la qualité à un bon cru du Rhin de l'année 1915 ». La livraison était faite dans des bouteilles d'origine *des services de l'Intendance de la 11e armée*. A Monastir, les Bulgaro-Allemands avaient tout enlevé, laissant la population mourir de faim. L'*Illustration* du 9 décembre 1916 a donné la photographie des coffres-forts éventrés dans la préfecture incendiée. Suivant un récit de M. Yazvitski paru dans la *Rietch* de Petrograd en avril 1916, le pillage était *colossal*. Sofia était archipleine de tapis serbes, de meubles de toute espèce, de peaux, de savons anglais, de parfums. Tout les stocks de tissus, les produits industriels des fabriques et tout le matériel de la ville de Leskovats, centre de l'industrie serbe des tissus, avait été démonté, emballé et expédié en Bulgarie. La vente des objets volés se faisait par l'initiative officielle du gouvernement bulgare qui avait créé à cet effet un organe spécial appelé : *Dépôt d'étoffes en vue de vendre les objets volés* (1). Les Bulgares, on le voit, avaient bien suivi les leçons allemandes de la guerre économique. Du reste, les nombreux officiers allemands qui se trouvaient dans leurs rangs savaient au besoin leur rappeler les bonnes méthodes.

En Pologne, la propriété privée fut spoliée sans merci ; les machines des fabriques furent détruites ou transportées en Allemagne ; toutes les matières premières furent confisquées, en sorte que la population était en proie au chômage forcé et à la famine. La Kommandantur fai-

(1) *Débats* du 30 juillet 1917. Cf. le *Livre bleu serbe* de 1916.

sait tout saisir, même les vêtements et le linge (1). Les grands chefs, ici comme ailleurs, ne restaient pas en arrière. La *Vetchernee Vremia* publiait, le 20 décembre 1916, le récit du gérant des propriétés foncières polonaises du comte Sviatopolk Czetwertinski, où il était dit que la femme du maréchal von Hindenburg prenait une part active au pillage du manoir et, après avoir emporté les objets précieux, donnait l'ordre de l'incendier.

La conduite des Bulgares en Roumanie fut ignoble. A Bucarest, ils pillaient sans vergogne, pénétraient dans les maisons, le revolver au poing, tuant tout ce qui s'opposait à leurs déprédations. Dans les départements danubiens soumis à leur *administration*, ils enlevèrent la totalité des réserves de céréales et les récoltes ; la plus atroce famine régnait dans ces régions qui étaient jadis riches et abondamment approvisionnées (2). Dans la seconde quinzaine d'avril 1917, au moment du recul, les généraux donnèrent l'ordre de dévaster le pays. Braïla, la grande ville agricole sur le Danube et Focsani, cité importante de Moldavie, furent incendiées et ravagées ; le feu fut mis aux champs ensemencés de Valachie. Les villages étaient en flammes ; les arbres, les arbustes et jusqu'aux haies furent coupés et brûlés. La légation française de Bucarest fut cambriolée par les Allemands qui brisèrent les scellés apposés par les autorités françaises au départ ; les tiroirs furent forcés et vidés (3).

L'Italie envahie en 1917 fut mise en coupe réglée par les Autrichiens qui détruisirent tous les chefs-d'œuvre artistiques qu'ils n'avaient pu emporter et l'on vit, à la fin de décembre, ce spectacle, qui ne pouvait être donné que par des Allemands, d'une exposition berlinoise des objets d'art volés dans les églises, palais et villes de la

(1) *Débats* du 29 novembre 1918.
(2) *Temps* du 15 novembre 1917.
(3) *Temps* du 6 novembre 1918.

Vénétie et du Frioul. Le pillage avait été méthodiquement organisé surtout pour les objets d'art ; les églises avaient été dépouillées de leurs ornements sacrés et de tous les objets en métal. Des collections de manuscrits et d'estampes de haute valeur disparurent ; toutes les villas, dont certaines constituaient de véritable musées, furent dévalisées, spécialement des fresques de grand prix qu'elles contenaient (1). La commission envoyée par le Bureau technique de la propagande italienne dans les terres rédimées pour enquêter sur les besoins des populations a constaté, dans son premier rapport, la destruction complète, dans la zone de la Piave inférieure, de toutes les maisons au delà de la Livenza. La déprédation autrichienne n'avait rien épargné : fer, bois, linge, outils, objets de cuisine, cloches etc. La population mourait de faim (2).

Les Grecs retrouvèrent à peu près dans le même état la Macédoine Orientale par eux réoccupée. Les villes de Sèrès, Cavalla, Drama, Pravi, Demir-Hissar étaient totalement pillées et dévastées. Tout avait été dérobé ou détruit, au point qu'il était même impossible de retrouver la trace de certains villages. Les descriptions des journaux étaient bien au-dessous de la réalité, comme l'attesta le ministre des travaux publics de Grèce au retour d'un voyage dans le pays (3).

(1) *Débats* du 30 septembre 1917.
(2) *Débats* des 4 et 18 novembre 1918.
(3) *Débats* des 4 et 8 novembre 1918.

CHAPITRE V

Les opérations de la guerre économique sur le théâtre des hostilités et aux lieux de destination.

Après avoir fait le récit des réquisitions, pillages et dévastations de toute sorte qui constituent la guerre économique des Allemands et de leurs alliés, voyons maintenant comment pratiquement cette guerre fut conduite. Il faut l'envisager tout d'abord sur le théâtre même des opérations, ensuite au lieu de destination. Le correspondant de la *Gazette de Francfort* a dévoilé comme suit le plan poursuivi par les Allemands lors de la retraite de mars 1917 : « Notre commandant a voulu créer une sorte de *glacis* en vue des futurs combats. *Une large zone de dévastation* a été créée qu'on pourrait appeler « *zone de guerre* », dans tout ce qu'elle a *d'impitoyable*. Les villages florissants jusqu'ici habités, des champs cultivés, des jardins potagers ne présentent plus qu'un amas de cendres fumantes. Partout j'ai vu les pionniers à l'œuvre qui mettaient la dernière main à l'ouvrage. Les magnifiques troncs des arbres qui bordent les routes, françaises gisent à terre, en partie sciés pour être placés comme obstacles sur la route. Les croisements des routes les ponts, les canaux, les écluses étaient ruinés, les chambres de mines étaient chargées. L'ennemi ne trouvera pas un rouleau de fil de fer, pas un brin de paille ni une botte de fourrage, pas une aiguille de chemin de fer, pas une fourche, pas une source. Les mâts bétonnés des conduites de transport d'énergie électrique sont abattus; les câbles pour la lumière électrique, pour le télégraphe pour le téléphone, ont été emportés. Les champs au bord de la route ont été retournés et labourés afin que l'artillerie, trouvant les routes détruites et espérant se frayer un passage des deux côtés de la chaussée, soit contrainte de procéder à des réfections très difficiles. Péronne et Bapaume ont été entièrement détruits ; du reste, il n'en restait pas grand'chose ; la destruction a eu pour but d'empêcher l'ennemi d'y trouver le moindre abri ». Les autres journaux allemands ont également essayé de justifier au point de vue stratégique ce que le *Temps* du 29 novembre 1917 appelait le *désert allemand* (1).

La presse allemande avait, du reste, reçu pour mot d'ordre d'avouer ouvertement les dévastations systématiques impossibles à cacher, en donnant pour raison qu'il était indispensable de créer devant le nouveau front une zone rase, le *glacis indispensable* pour la liberté des manœuvres. C'était exactement le motif invoqué autrefois pour justifier la dévastation du Palatinat par Louvois, pour lequel les Germaniques n'ont jamais eu assez de malédictions (2). C'était toujours l'éternelle excuse de la nécessité déjà alléguée à propos de la Belgique (3), comme si les nécessités de guerre justifiaient la destruction systématique des monuments publics, le pillage des villes, le vol de la propriété privée, les violences contre les personnes, etc. En réalité, sous les prétextes invoqués par Hindenburg, Ludendorf et leurs apologistes, apparaissait la volonté de terroriser et d'intimider la

(1) Voir dans le *Temps* du 30 novembre 1917 les rélations concordantes de la *Gazette de l'Allemagne du Nord*, du *Berliner Tageblatt* et des *Dernières nouvelles de Munich*.

(2) *Temps* des 23 et 24 mai 1917.

(3) Cf. Renault, *Les premières violations du droit des gens par l'Allemagne — Luxembourg et Belgique*, Ire publication du « Comité pour la défense du droit international », 1917, pp. 61 et s.

France en lui montrant à quoi elle s'exposerait en continuant la lutte. C'était le *chantage à la ruine* qui a causé à certains pamphlétaires une joie mauvaise maladroitement manifestée (1). Les chefs allemands espéraient, par l'accumulation des désastres, pousser les Français à la paix à tout prix ; c'était une manœuvre non militaire mais politique dont la portée apparaît nettement si l'on réfléchit que, dans la dernière période de guerre, Hindenburg et Ludendorf étaient devenus les arbitres souverains de la politique allemande, que le chancelier ne conduisait plus que nominalement. Aussi est-il curieux de constater quel accès de rage provoqua dans la presse reptilienne le sang-froid avec lequel les populations et les pouvoirs publics accueillirent la désolation répandue par l'Allemagne, puisant dans cette désolation même, loin de faiblir, la volonté de plus en plus inébranlable d'écraser le militarisme prussien.

De nombreuses déclarations de prisonniers allemands ont fourni des détails édifiants sur l'organisation méthodique des troupes allemandes en vue des destructions prescrites par le haut commandement. Toutes les maisons de la zone à évacuer devaient être, suivant les premiers ordres reçus, vidées, puis rasées ; les murs enfoncés au bélier et au pic ; les toits éventrés et effondrés ; les puits et caves comblés. Cette besogne à main d'homme devait s'opérer à loisir, sans incendies ni explosions, pour ne pas être remarquée par les Français et ne pas leur dévoiler les intentions du repli. Mais, au début de mars, les Allemands, pressés par le temps, se décidèrent à employer la dynamite et le feu. Des équipes spéciales furent constituées : équipes d'incendie, d'explosion, de destruction, nommées : *Brandkommandos — Sprengkommandos — Zerstœrungkommandos* », ou — *Brandspiquets — Sprengpiquets — Zerstœrungspiquets* ».

(1) Cf. notamment l'article de Georges Querl dans le *Berliner Tageblatt* du 22 mars ; *Débats* du 31 mars 1917.

La destruction des villages s'opéra sous la direction d'officiers et de sous-officiers du 17e bataillon de pionniers du 17e corps. Les *brandkommandos* encadrés par des pionniers mirent systématiquement le feu aux immeubles à l'aide de paille de couchage et de copeaux et de ballots de copeaux spéciaux (*Holzwolle*) suspendus aux orifices des abris pour être enflammés en cas d'attaque par gaz. D'autres piquets plaçaient des pétards dans les caves ou coupaient à la scie les arbres dans les vergers et le long des routes. Les destructions des ponts et des routes furent effectuées par des équipes composées seulement de pionniers (1).

Un « *ordre relatif aux destructions* » portant la mention « strictement secret », signé Tiede (F. d. R.) et Baessler oberleutnant, communiqué à la commission française d'enquête et consigné par elle dans son IXe rapport du 24 mai 1917 indiquait dans son chapitre III, toutes les mesures à prendre pour détruire à des jours et heures déterminés les localités condamnées, spécialement Grévillers, Biefvillers, Aubin, Avesne, Favreuil, Beugnâtre, Frémicourt, Morchies, Louverval, Boursier, Demicourt etc. Il y était dit textuellement : « L'allumage des incendies sera exécuté sous le commandement des officiers par les diverses équipes ». Dans sa brochure intitulée : « *La chimie meurtrière des Allemands* », M. F. Marre, chimiste expert près la Cour d'appel de Paris et les tribunaux de la Seine, a dépeint les divers engins employés par les sections incendiaires de l'armée des envahisseurs exécutant un plan concerté d'avance pour mener à bien leur sinistre besogne. « Il y avait, dit l'auteur, d'abord des hommes portant sur le dos des pulvérisateurs dans le genre de ceux dont on se sert pour le traitement anticryptogamique de la vigne. Ils pénétraient dans les maisons à détruire et arrosaient toutes les pièces d'un

(1) *Débats* du 11 avril 1917.

mélange de benzine et d'essence de pétrole. Derrière eux une pompe automobile inondait de pétrole lampant les façades et les toits. Cela fait, les gradés disposaient de place en place, sur le plancher des chambres et sur le bord intérieur des fenêtres, de petites pastilles noirâtres, affectant la forme de disques percés en leur centre d'un trou circulaire et dont ils portaient des chapelets dans leurs cartouchières. Ces pastilles étaient faites du produit bien connu dans l'industrie, que le docteur Hans Goldschmidt d'Essen a fait bréveter sous le nom de *thermit*. Ce produit est un mélange intime d'oxyde de fer et d'aluminium réduit en poudre fine ; quand on l'enflamme au moyen d'une simple allumette, il fournit au bout de quelques secondes une température de 3.000 degrés, capable de fondre le fer sans aucune difficulté. Pour rendre l'allumage plus facile, les pastilles incendiaires de l'armée allemande sont additionnées d'un peu de péroxyde de barium, c'est-à-dire d'un oxyde métallique très instable ; mais, en tout état de cause, la flamme produite par la combustion du pétrole ou de la benzine suffit largement à les allumer » (1).

A la suite de la dévastation systématique du pays évacué par les Allemands, le président du conseil français, ministre des affaires étrangères envoya le 24 mars 1917, aux neutres, par la voie diplomatique une note (2) où l'on relève le passage suivant : « Je vous prie de faire savoir au gouvernement auprès duquel vous êtes accrédité que nous entendons dénoncer à l'opinion universelle les actes inqualifiables auxquels se sont livrées les autorités allemandes. Aucun motif se réclamant des nécessités militaires ne peut justifier une dévastation systématique portant sur les monuments publics, artistiques et historiques, comme sur les biens privés et accompa-

(1) *Pages actuelles d'histoire*, 1914-1915, n° 66, pp. 11 et s.
(2) *Journal du droit international*, 1917, pp. 960.

gnée de violences contre les personnes. Des villes et des villages entiers ont été pillés, incendiés et détruits ; les maisons particulières dépouillées de tout mobilier que l'ennemi a emporté ; les arbres fruitiers arrachés ou rendus inaptes à toute production, les sources et les puits empoisonnés..... Vous ferez remarquer qu'il s'agit là non pas d'actes destinés à entraver les opérations de nos armées, mais de dévastations n'ayant aucun rapport avec cet objet et ayant pour but de ruiner pour de longues années une des régions les plus fertiles de la France. Le monde civilisé ne peut que se révolter contre ces procédés d'une nation qui prétendait lui imposer sa culture, mais qui se révèle comme toute proche encore de la barbarie et dont l'ambition déçue trahit sa rage en foulant aux pieds les droits les plus sacrés de l'humanité..... » La protestation du gouvernement français s'appuyait sur les divers rapports de la commission française d'enquête qui, partout, relevaient les actes de la politique économique de guerre allemande destinée à ruiner définitivement les pays envahis. Nous mentionnerons simplement le huitième de ces rapports, du 16 avril 1917, où l'on relève les constatations suivantes démontrant la volonté de ruiner à la fois le commerce, l'industrie et l'agriculture : « Même dans les villes et les villages qu'ils n'ont pas complètement rasés, les Allemands se sont acharnés à faire disparaître les usines et à ravager les exploitations agricoles. C'est ainsi, par exemple, qu'à Roye, où la bataille n'avait causé que des dégâts réparables, ils ont incendié les sucreries et organisé la ruine systématique de toutes les industries, en arrachant d'abord le bronze, le zinc, le plomb, le cuivre et le laiton, en enlevant ensuite les pièces mécaniques qui pouvaient avoir quelque valeur, en brisant enfin toutes les parties en fonte. C'est ainsi encore qu'à Ham, où ils ont fait sauter le beffroi et le château, ils ont anéanti par l'explosion les deux sucreries Bocquet et Bernot, la distillerie de Sébastopol, la fabrique d'huile Dive et la brosserie Serré. Ils ont agi de même en bien d'autres endroits, notamment à Flavy-le-Martel et à Ourscamps qui sont des modèles de dévastation. Presque partout, les arbres fruitiers dans la campagne et dans les jardins ont été abattus, profondément entaillés ou écorcés de manière à les faire périr. Des files entières de grands peupliers, sciés à leur base, jonchent les champs le long des routes. Les abords des villages sont encombrés d'instruments agricoles irrémédiablement détériorés. Près de ce qui fut la gare de Flavy-le-Martel, nous avons vu un immense verger entièrement saccagé, dans lequel étaient réunis en grande quantité des charrues, des herses, des faucheuses, des moisonneuses, des rateaux mécaniques et des semoirs rendus inutilisables et endommagés de telle sorte qu'ils ne pussent être réparés. Çà et là un certain nombre de ces machines avaient été entassées sur des foyers d'incendie. Les roues en fer étaient faussées, les pignons et les engrenages fracassés, les parties en bois rongées par le feu. Il suffit de regarder toutes ces ruines pour se rendre compte qu'elles n'ont pas été accumulées seulement dans un intérêt militaire et que le dessein de nuire en a été la cause essentielle. Le médecin militaire, professeur Benneke, a dit un jour à la sœur Saint-Romuald, supérieure de l'hospice de Noyon : « Vous n'avez pas voulu la paix ; maintenant nous avons ordre *de faire la guerre aux civils* » ; et un sous-officier qui paraissait intelligent et instruit a tenu, à Guiscard, le propos suivant : « L'offre de paix de l'Allemagne ayant été repoussée, la guerre va entrer dans une phase nouvelle. Désormais nous ne respecterons plus rien. »

Lors de son voyage aux pays libérés, à la fin de décembre 1918, M. Poincaré raconta qu'en Alsace on avait trouvé un volume mystérieusement édité par l'État-major allemand et qui exposait tout un programme pour arrêter le développement économique de la France. Ce volume, par exemple, indiquait les moyens à employer pour immobiliser complètement une fabrique pendant cinq, dix ans même et concluait à la nécessité d'assurer par ces moyens la supériorité définitive de l'industrie allemande (1).

Chose à peine croyable, les Allemands délivraient des *bons de pillage* portant le timbre de l'État-major, qui ont été retrouvés sur des morts ou des prisonniers; mention y est *faite des maisons bonnes à piller* suivant les renseignements des indicateurs ayant séjourné dans le pays avant la guerre (2); il fut fait grand usage de ces bons à Aerschot et à Louvain que l'on savait contenir de grandes richesses. A Bruxelles le gouverneur et son État-major se réservaient exclusivement les profits. Von Bissing fit cadeau à des musées allemands d'armes anciennes dérobées à des collections belges; sur son ordre, les soldats enlevèrent de l'Université de Bruxelles 50.000 fr. de platine destiné à des expériences scientifiques (3).

Dans sa séance du 31 mars 1917, le Sénat français a voté à l'unanimité la résolution suivante : « Le Sénat, dénonçant au monde civilisé les actes criminels accomplis par les Allemands dans les régions de la France par eux occupées, crimes contre la propriété privée, contre les édifices publics, contre l'honneur, la liberté et la vie des personnes; — constatant que ces actes de violence inouïs ont été perpétrés sans excuse d'aucune nécessité militaire et au mépris systématique de la convention internationale du 18 octobre 1907 ratifiée par les représentants de l'Empire allemand; voue à la malédiction universelle ces forfaits dont la justice exige que soit assurée la répression..... »

(1) *Débats* du 27 décembre 1918.

(2) Mirman, Simon et Keller, *op. cit.*, p. 10.

(3) *Daily Express* du 15 juin 1915.

Au nom de la commission des dommages de guerre qui visita les régions conquises, M. Chéron, sénateur, fit, à la même séance du Sénat, un rapport sur les constatations faites au cours de cette visite, où l'on lit ceci : « Nous avons visité plusieurs villes et une cinquantaine de villages. Partout c'est le pillage, la dévastation systématique. Des actes de véritable barbarie ont été accomplis sans la moindre excuse tirée de l'intérêt militaire. Nous voulons dénoncer au monde et flétrir la race maudite qui a voulu nous imposer sa culture. De Ribécourt à Noyon, toutes les fermes sont détruites. A Noyon, l'armée allemande s'est livrée à un pillage effréné. Dans l'hôtel où siégeait la Kommandantur, nous avons trouvé un coffre-fort ouvert avec une pince-monseigneur ; les coffres-forts de la succursale de la Société Générale ont été fracturés au moyen d'un chalumeau et le contenu en a été pillé. Il en a été de même dans un certain nombre d'autres banques. Les villages des environs de Noyon n'ont pas été épargnés. Sampigny notamment a été odieusement détruit. A Ham, même dévastation ; de même encore dans d'autres localités. A Chauny, les Allemands ont tout détruit par l'explosion et l'incendie ; il ne reste rien de la ville, sauf un faubourg. Les arbres fruitiers ont été coupés ou l'écorce en a été arrachée. Ce travail destructeur a été accompli sous la menace ennemie par les ouvriers agricoles du pays..... » M. Viviani, garde des Sceaux, au nom du Gouvernement, s'est associé sans réserve aux déclarations de M. Chéron. « Les vols, les incendies, a-t-il dit, les assassinats ne constituent pas seulement des attentats à l'honneur international ; ce sont *des crimes de droit commun*, qui dérivent de la psychologie médiocre des Allemands... » Le Sénat a voté à l'unanimité l'affichage de sa résolution et des discours de MM. Chéron et Viviani (1).

(1) *Journal du droit international*, *loc. cit.*, pp. 963 et s.

Nous avons vu qu'au moment où ils durent se replier de France et de Belgique, les Allemands avaient encore accentué leurs violences et leurs rapines et qu'après avoir dépouillé les villes, les villages et les campagnes, ils les avaient transformés en ruines et en désert. Remarquons en passant que cette conduite ne pouvait en aucune façon invoquer l'excuse stratégique, car les Alliés, soit pour éviter de fournir un prétexte aux dévastations, soit pour ménager leurs troupes avaient eu recours le plus souvent à l'encerclement des positions ennemies, ce qui évitait les bombardements et les ruines des sièges et des attaques de front. Quoi qu'il en soit, en présence de la conduite des Allemands, l'opinion publique surexcitée demandait qu'un avertissement solennel leur fût notifié du châtiment qui les attendait à la paix victorieuse. Satisfaction lui a été donnée par une déclaration gouvernementale intervenue le 5 octobre 1918, à laquelle le Sénat s'est associé dans sa séance du 15 octobre, où il a voté l'affichage de la résolution et des discours prononcés à cette occasion. Le ministère et le Sénat signifiaient ainsi à l'Allemagne leur volonté absolue d'obtenir la punition et la réparation de ses méfaits.

Arrivons maintenant à l'utilisation des profits de la guerre économique au lieu de destination. Les dépouilles de la France, de la Belgique et généralement de tous les pays envahis ont enrichi à la fois le combattant isolé et le pays tout entier. Le Home familial se meublait avec le butin que les voitures, les fourgons, les camions, les autos civiles et militaires emportaient en Allemagne soigneusement emballé et étiqueté. Dans une lettre adressée par sa femme à un officier allemand on lit : « Mille remerciements pour les belles choses que tu nous a envoyées ; les fourrures étaient magnifiques ; les meubles en bois de rose exquis ; mais n'oublie pas qu'Elsa attend toujours son piano. » Un soldat soigné dans un hôpital de Bruxelles songe avant tout au butin qui ira réjouir la famille au pays : « Une auto arrive, écrit-il sur son carnet de route; elle apporte du *butin de guerre* : un piano, des machines à coudre et toutes sortes d'autres choses (1). »

Les bénéfices réalisés par les chefs et les soldats par suite de leurs vols et de leurs pillages accusaient des chiffres fantastiques. Avec cette impudeur tranquille et inconsciente qui caractérise la mentalité germanique, un certain Arnold Steimann-Bucher a fait paraître à Stuttgart, en 1916, un écrit intitulé : *La fortune populaire en Allemagne*, où il est dit que « la guerre est une puissance créatrice de premier ordre et une source considérable de l'épargne nationale. » A cet égard, l'auteur cite des relevés de contrôle émanés de la direction des postes de Dresde concernant les sommes envoyées par les soldats du front à l'intérieur. Une division de réserve saxonne expédia, en septembre 1914, dix mille mandats représentant 391.000 marks et, en octobre, vingt mille mandats représentant 800.000 marks. Or, comme la solde d'une division ne peut guère s'élever à plus de 150.000 à 160.000 marks pour un mois, il en résulte que le vol et le pillage organisés purent seuls permettre l'envoi de fonds aussi considérables. La division postale de Dresde paya, dans les divers bureaux de poste du royaume, des mandats envoyés du front montant à deux millions et demi de marks en octobre ; et, en novembre, à deux millions et un tiers. Dans d'autres circonscriptions, par exemple à Berlin et à Hombourg, les sommes envoyées furent tantôt plus fortes et tantôt plus faibles. Et, d'après Steimann-Bucher, si l'on prend les chiffres de Dresde comme moyenne pour tout l'Empire, on arrive, dans le seul mois d'octobre 1914, à une somme de cent millions de marks, total des « *économies du soldat alle-*

(1) Cf. Fauchille, article précité dans la *Revue générale du droit int. public*, 1915, pp. 260 et s.

mand pendant la guerre ». En multipliant ces chiffres par année, on obtient un total de douze cent millions de marks ou trois milliards six cent mille marks pour les trois ans de guerre allant d'août 1914 à août 1917.

Ces chiffres ont été donnés par M. Ronce, directeur de la statistique au ministère français des finances dans une communication à une réunion de mai 1917 de la *Société d'études économiques* (1). Si l'on ajoute les valeurs accaparées par les chefs qui ont dû être nécessairement bien supérieures, on en arrive à des chiffres qui dépassent de beaucoup le butin des guerres anciennes les plus fructueuses. Le *Temps* du 3 mars 1915 a signalé, d'après un correspondant de La Haye, un accroissement des dépôts de 390 millions dans les caisses d'épargne allemandes pour le mois de janvier précédent. C'était l'afflux des envois du front.

Grâce à la rapine, systématiquement transformée en politique économique, l'Allemagne était devenue une véritable officine de recéleurs. Dans une série d'articles publiés par la *Libre Parole*, en 1916 et au début de 1917, M. André des Sablons a démontré que plus de dix milliards de titres au porteur français et étrangers avaient été dérobés, qu'on a essayé de négocier dans les pays belligérants et neutres, grâce à des agences de recéleurs.

Les objets transportés en Allemagne qui n'ont pas été appréhendés par les officiers, soldats ou fonctionnaires, ont fait l'objet d'opérations de liquidation effectuées au grand jour. Le 31 décembre 1914, une dépêche de Zittau publiée par le *Berliner Tageblatt* annonçait que la Chambre de commerce de la ville avait reçu du ministère de l'intérieur des échantillons de laines textiles et autres matières premières provenant des usines de France et de Belgique. Anvers seulement en avait livré pour plus

(1) *Débats* du 24 mai 1917.

de dix millions de marks. La circulaire invitait la Chambre de commerce à faire connaître ceux des produits en question qui seraient nécessaires pour alimenter les usines du pays, car il y avait un intérêt national à ce que les manufactures allemandes pussent soutenir la concurrence avec les manufactures étrangères.

La *Gazette de Francfort* a publié dans les premiers jours de 1915, un appel du ministre de la guerre aux chambres de commerce, les priant de donner tous les renseignements possibles au sujet des magasins, hangars, etc., dans lesquels on pourrait recueillir les marchandises volées dans les pays envahis. On se proposait de les répartir dans tous les pays de l'Empire au prorata de leur importance (1). Une revue professionnelle allemande, la *Deutsche Confection*, a révélé que les quantités de laines enlevées à Roubaix et à Tourcoing étaient si considérables qu'elles suffirent à couvrir tous les besoins de l'armée et qu'il en resta encore 500.000 kilogs qui furent répartis entre les industriels allemands (2). Les journaux des pays neutres, notamment en Norvège et en Danemark, énumérèrent les lots importants de meubles et objets d'art « usagés » provenant de Belgique et de France, qui devaient être vendus aux enchères devant un public probablement surpris par ce genre de commerce. Voici l'annonce du journal danois *Politiken*, du 26 mars 1915 : « Six wagons de meubles, etc., parmi lesquels des meubles antiques, arrivés de Belgique, France, Hollande et Allemagne, sont vendus à moitié prix et au-dessous : Meubles de château et de palais de toute espèce — 6 ameublements Louis XIV, 300, 500 kr. — 10 ameublements d'acajou pouvant convenir à des salons, à des parloirs et à des chambres de messieurs, 300, 400, 500 kr. (du genre Christian VIII) — 8 ameublements

(1) *Temps* du 5 janvier 1915.
(2) *Information* du 25 janvier 1915.

en tapisserie — beaucoup de secrétaires à cylindre, de secrétaires, de commodes, de tables à jouer, de bibliothèques, de tables à écrire, de lits, d'armoires, etc., etc., — une grande armoire Renaissance en chêne, une table à un pied ovale, une encoignure, un fauteuil, une chaise de salon, un buffet, etc. — De plus à vendre un grand nombre de lustres, 26 tapis indiens, japonais ou de Smyrne, des lustres de bronze, des vases, des statues, des pendules d'occasion et toutes autres sortes d'autres meubles de château vendus à moitié prix et au-dessous. Prêts à être vendus rapidement dans Mœbelpakhusenes Lokaler, Teleph. 7919, Favergade, 4; ouvert de 9 à 7 (samedi de 9 à 9), près de l'hôtel de ville — Echanges ».

Un certain Otto Brandt, secrétaire de la Chambre de commerce de Dusseldorf, a publié, en 1915, une étude intitulée : *L'industrie allemande pendant la guerre de 1914-1915*, où l'on trouve les détails suivants : « En pays ennemi, nous nous sommes emparés de matières premières de grande valeur en quantités considérables. Une partie du butin a consisté en laines peignées, brutes et en déchets, dont la vente a été confiée à l'Union du commerce des laines de Leipzig, les prix ayant été fixés par des experts nommés par le ministre de la Guerre. La distribution des laines brutes recueillies en France et en Belgique a été effectuée par la « *Kriegswirtschaft Gesellschaft* », créée pour la mise en valeur des marchandises *recueillies* en pays ennemi et non utilisées pour la défense nationale, par les ministères de la Guerre de Prusse, de Bavière, de Saxe et de Wurtemberg, les ministères de l'Intérieur et de la Marine de l'Empire et par trois banques. Le dividende a été fixé à 21 0/0 » (1).

Le 6 avril, la *Gazette de Cologne* publiait l'annonce d'un nommé Rettenmayer de Wiesbaden qui s'offrait pour transporter vers toutes destinations les objets dé-

(1) *Débats* du 3 octobre 1915.

ménagés des pays occupés; et, dans le *General Anzeiger* de Dortmund du même jour, étaient demandés des électro-monteurs, serruriers et charpentiers pour démonter machines électriques en France et en Belgique occupées, par l'office impérial des armes et munitions. Il fallait s'adresser à l'*Allgemeine Electromotorenweke* de Dortmund. 8, *Kœrner Platz* (1). Egalement la presse a publié, au début de juin 1917, une circulaire du 2 janvier précédent de M. Schrœder, directeur de l'Association des usines de fer allemandes de Dusseldorf, où il était exposé qu'à la demande du Bureau de munitions et d'armes, l'Association se chargeait de servir d'intermédiaire pour procurer aux usines des installations provenant des pays occupés. Elle fournissait les hauts fourneaux, laminoirs, machines de rotation et accessoires, les installations usagées, neuves ou en construction (2). Le 26 mars 1917, la fraction conservatrice du Reichstag a introduit une motion invitant le Chancelier à faire transporter en Allemagne, pour les mettre au service de l'agriculture, toutes les machines agricoles et plus spécialement les charrues et batteuses à vapeur ainsi que les locomobiles dont disposaient encore les pays envahis. Le gouvernement devait procéder de même à l'endroit des chevaux et de toutes les bêtes de somme. Et ce furent les plus grands personnages politiques de l'Allemagne qui signèrent cet appel au brigandage économique; ainsi se faisait la preuve irréfragable de ce fait que, dans les préoccupations des dirigeants de l'Allemagne, les opérations militaires passaient presqu'au second plan, ou, tout au moins que la principale raison d'être de ces opérations consistait à alimenter la grande entreprise de spoliation et de pillage que l'Allemagne décore du nom de guerre.

Le pillage méthodique des pays envahis en arriva à

(1) *Débats* du 7 avril 1917.

(2) Voir cette circulaire dans le 23e rapport de la commission d'enquête belge. *Rapports sur la violation du droit des gens*, t. III, pp. 4 et 5.

un tel point que les autorités allemandes elles-mêmes s'en émurent, non point à raison du fait lui-même qui leur semblait absolument régulier, mais à cause du bruit fâcheux qui, malgré tout, s'était fait autour. Le *Berner Tagwacht* (journal socialiste de Berne), publia, le 8 mai 1915, le document inédit suivant émané du ministère de la guerre prussien.

Ministère de la guerre — N° 1161/10 — 14 Z. K. Berlin — W — 66, 5, 11 — 1914 — *Leipzigerstrasse*, 5. *Vol de butin de guerre.*

« On a constaté aux stations frontières que des véhicules, surtout des automobiles revenant de Belgique et de France et aussi d'autres théâtres de la guerre transportent, dans des proportions très considérables, à côté des pièces de vêtements, d'équipement et d'armement des armées combattantes, des objets de propriété privée qui peut-être ont été acquis de personnes douteuses ou même *pris à titre de souvenir* dans des maisons détruites, etc. En outre, dans les voitures on a trouvé des paquets semblables à ceux expédiés par des parents à des militaires. Les recherches faites ont montré que les personnes trouvées en possession de tels objets et leurs expéditeurs n'avaient pas toujours conscience du péril de leur façon d'agir et des dangers d'une poursuite judiciaire (§§ 128, 161, 165 du code pénal militaire — §. 242. vol, ou 246, détournement du code pénal impérial). Pour obvier à ces incidents *qui pourraient mettre en danger la considération et la renommée de l'armée et détruire, en général, la conception du mien et du tien, du bien et du mal*, un contrôle sévère aura lieu dorénavant et une intervention judiciaire sera ordonnée au besoin ». D'autre part, suivant des renseignements publiés par le journal hollandais *Telegraaf* du 9 mars 1915, l'envoi par chemin de fer en Allemagne de marchandises représentant le butin de guerre avait pris une telle expansion dans les derniers temps que les autorités militaires allemandes crurent devoir prendre des mesures restrictives à cet égard. Le *Telegraaf* reproduisait entre autres, un communiqué adressé à tous les bureaux de marchandises par la direction des chemins de fer prussiens, leur enjoignant de soumettre désormais à un examen minutieux tous les envois soupçonnés. Mais ce communiqué ajoutait qu'il était licite à ceux qui faisaient partie des armées de prendre, à titre de butin, *des objets de menue valeur qu'ils pourraient envoyer en souvenir des dangers par eux courus.*

Il était piquant de voir le Gouvernement allemand menacer ses troupes des foudres de la justice en les rappelant gravement à l'observation des lois et de la morale, alors qu'il avait lui-même excité et favorisé le pillage, tant des chefs que des soldats ; qu'il avait pillé à fond partout lui-même et vendu publiquement les produits de ce pillage avec l'approbation et l'encouragement du Reichstag. Il est vrai que les circulaires prussiennes contenaient la réserve précieuse d'une exception faite pour les objets de menue valeur, exception grâce à laquelle on pouvait fermer complètement les yeux, tout en s'indignant pour la galerie. Il était piquant encore de voir l'Etat-major invoquer « la considération de l'armée et de sa renommée, la conception du mien et du tien, du bien et du mal », en présence du débordement le plus formidable des pires instincts et des passions les plus inavouables, débordement voulu et encouragé par tous les chefs civils et militaires. En réalité, le ministre de la Guerre blâmait les soldats non pas d'avoir pris mais de n'avoir point suffisamment caché leurs larcins. On remarquera enfin que, tandis qu'il faisait appel au texte des lois pénales internes, le même ministre ne mentionnait même pas les articles de La Haye prohibant le pillage et déclarant intangible la propriété privée. C'était toujours le même mépris calculé du droit des gens et de la morale universelle !

Dans les pays neutres, la presse manifesta souvent son indignation au sujet de la vente d'objets mobiliers volés en France et en Belgique. Dans le *Tidens Tegn*, un écrivain norvégien demandait, en mai 1918, que les ventes de ces objets fussent interdites dans les pays scandinaves, déclarant qu'il ne restait plus qu'à annonçer la vente aux enchères d'esclaves enfants et de jeunes filles de France et de Belgique sur la *Raadhusplads* de Copenhague et au marché à bestiaux de Christiania (1).

Mais l'Allemagne au fond se souciait bien peu de ces critiques. Tandis que le Ministère de la Guerre faisait paraître la note anodine et hypocrite transcrite ci-dessus, les Germaniques répandaient, avec une tranquille audace, dans les pays neutres, la liste des dilapidations économiques. Une circulaire distribuée en Espagne en 1918 et publiée par le *Journal de Genève* donnait un état du butin pris en France et en Belgique et ce n'était bien entendu, qu'un très léger spécimen : 417 grandes pendules ; 5.016 pendules ordinaires ; 3.705 parapluies ; 1.875 cuilliers d'argent ; 8.070 vêtements de dessous ; 523.000 bouteilles de champagne, etc., etc. Et la circulaire ajoutait triomphalement : « ces chiffres marquent une forte augmentation sur ceux de la campagne de France en 1870 » ! Le journal des *Débats* du 4 août 1918 qui reproduisait ces détails, ajoutait : « Quelle fierté, quel orgueil dans le dénombrement de ces glorieuses conquêtes. Et quelle colonne de la victoire on ferait à Berlin avec les 3.705 parapluies dressés dans les cannelures » !

En même temps qu'elle affichait ostensiblement ses pillages, l'Allemagne, suivant le double jeu constamment joué par elle, se posait aux yeux du monde en protectrice des œuvres d'art que la *sauvagerie franco-britannique* mettait partout en péril. Une pléiade de savants

(1) *Débats* du 18 mai 1918.

d'outre-Rhin institua à cet effet une campagne de plaidoyers, de conférences et de brochures ; parmi eux se démontrait surtout le Dr Clémen célèbre par son apologie du bombardement de la cathédrale de Reims. Le monument le plus remarquable de cette littérature était un catalogue illustré d'une collection d'œuvres d'art provenant des musées de Lille, Cambrai, Douai, Laon et Valenciennes, portant ce titre général : *Œuvres d'art sauvées provenant des provinces occupées de la France septentrionale* : « La préface, dit M. André Michel, était un chef-d'œuvre de doucereuse et écœurante tartufferie », ce n'était pas, en effet, écrivait l'auteur de cette préface, pour obtenir des remerciements et de la reconnaissance que les Allemands avaient pris un soin pieux de ces richesses artistiques menacées par leurs adversaires ; ils avaient été mus par le seul amour de l'art menacé de subir une perte irréparable ! (1).

(1) *Débats* du 13 octobre 1918.

CHAPITRE VI

Les contributions de guerre et amendes. — Le pillage des Banques.

Il reste enfin à insister sur la dernière branche de la guerre économique qui a procuré aux Allemands d'incroyables bénéfices : les contributions et amendes de guerre et le pillage des banques. Les contributions de guerre et amendes ont plu à jet continu sur les pays envahis. Voici, en ce qui concerne la France, une proclamation à la population datée de Hénaménil, du 3 septembre 1914 et signée par le commandant en chef von Fasbenber. Ce document montre comment, d'une façon générale, les chefs allemands savaient encore battre monnaie sur un pays pillé, saccagé et dévasté : « Le 25 août 1914, des habitants de Lunéville ont fait une attaque par embuscade contre les colonnes et les trains allemands. Le même jour, des habitants ont tiré sur des formations sanitaires marquées par la Croix-Rouge. De plus on a tiré sur les blessés allemands et sur l'hôpital militaire contenant une ambulance allemande. A cause de ces actes d'hostilité, une contribution de 650.000 frs est imposée à la commune de Lunéville. Ordre est donné à M. le Maire de verser cette somme en or (et en argent jusqu'à 50.000 fr.), le 6 septembre, à neuf heures du matin, entre les mains du représentant de l'autorité allemande. Toute réclamation sera considérée comme nulle et non arrivée. On n'accordera pas de délai. Si la commune n'exécute pas ponctuellement l'ordre de payer les 650.000 francs, on saisira tous les biens exigibles. En cas de non paiement, des perquisitions domiciliaires auront lieu et tous les habitants seront fouillés. Quiconque aura dissimulé sciemment de l'argent ou essayé de soustraire des biens à la saisie de l'autorité allemande ou qui cherche à quitter la ville sera fusillé. Le maire et les otages pris par l'autorité militaire seront rendus responsables d'exécuter immédiatement les ordres indiqués. Ordre est donné à M. le Maire de publier de suite ces dispositions à la commune ».

On saisit là sur le vif toutes les précautions prises de la façon la plus minutieuse par le malfaiteur pour que sa victime ne puisse en aucun cas lui échapper. Du reste, le prétexte invoqué pour enlever ses dernières ressources à la commune était le même que celui qui justifiait toutes les horreurs allemandes : « *Man hat geshossen* — on a tiré », prétexte faux d'habitude et spécialement dans le cas de la proclamation du 3 septembre, car, ainsi que l'exprime la commission française d'enquête dans son Ier rapport du 17 décembre 1914 les incendies et meurtres commis à Lunéville les 25 et 26 août par une armée qui n'agissait pas dans l'excitation du combat et qui pendant les jours précédents s'était abstenue de tuer furent probablement ordonnés pour rendre plus vraisemblable l'allégation qui devait servir de prétexte à l'exigence de l'indemnité des 650.000 francs (1).

Le IXe rapport de la commission française d'enquête indique que, dans toutes les localités occupées, les communes furent écrasées de contributions scandaleuses. Nesle, par exemple, fut frappée d'une imposition de 13.000 francs puis d'une autre de 3.000 et enfin d'une dernière de 30.000 fr. pour la découverte de quelques armes de panoplie et de chasse. Le général von Bülow,

(1) *Rapports et procès-verbaux*, I, p. 26.

commandant de la 2e armée frappa la commune de Sissonne d'une pénalité de 500.000 francs, sous prétexte que, le 18 septembre 1914, il avait vu des débris de verre sur la route qui va de Sissonne à Montaigu. Il rendit responsable du recouvrement de l'amende le prince de Monaco, propriétaire dans la commune de Marchais voisine de Sissonne, le menaçant, s'il ne versait pas une bonne partie de la somme, de mettre le feu à son château et à la commune de Marchais (1). Saint-Mihiel fut imposé, sur une population réduite à 2.500 habitants, de 1 million en septembre 1914, imposition réduite à 500.000 francs en présence de l'impossibilité évidente du payement; en 1916, nouvelle contribution de 130.000 francs; en 1917, 167.000 francs; en 1918, 240.000 francs.

En octobre 1917, M. Delsalle, maire de Lille, adresse au gouverneur allemand, von Gravenitz, une lettre protestant contre une nouvelle contribution de guerre de 33 millions, dont la ville venait d'être frappée, sous peine d'un million par jour à titre d'astreinte, après avoir déjà versé une autre contribution de 82 millions (2). Durant son occupation, l'ennemi exigea, sous divers prétextes, 200.000.000 de contributions. Roubaix et Tourcoing ne furent pas mieux traités. A Valenciennes, les Allemands exigèrent tout d'abord une contribution d'un million; puis vinrent des amendes successives sur le prix moyen de 80.000 marks par mois (3).

C'est surtout en Belgique que les amendes et contributions furent prélevées d'une façon constante sur les personnes et les collectivités (4). Une contribution

(1) *Temps* du 5 novembre 1914.

(2) *Débats* du 15 octobre 1917.

(3) *Temps* du 6 novembre 1918.

(4) Voir la protestation du Gouvernement belge du 20 décembre 1915 dans le 23e rapport de la commission d'enquête belge. *Rapports*, III, annexe II.

mensuelle fixée à la durée d'un an, de 40 millions de francs, fut tout d'abord exigée le 10 décembre 1914 par l'autorité allemande, afin de contribuer aux frais de l'armée et de l'administration du territoire occupé. La contribution rendue permanente par un nouvel ordre du 8 novembre 1915 incombait aux neuf provinces de la Belgique qui endossaient « comme débitrices globales la responsabilité des sommes dues ». Les Conseils provinciaux belges refusèrent d'abord leur concours en vue de recueillir dans leur district les fonds nécessaires au payement ; et l'administration allemande dut charger les gouverneurs de percevoir eux-mêmes les mensualités. Puis les Conseils furent obligés de céder et votèrent les résolutions nécessaires pour l'exécution desquelles ils demandaient le concours des banques. Ces dernières déclarèrent s'abstenir, d'accord avec la banque nationale. Le gouverneur menaça alors de saisir l'avoir disponible des établissements financiers qui durent s'exécuter.

La taxe imposée par von Bissing était écrasante pour la Belgique déjà spoliée par les exactions du premier gouverneur général, le maréchal von der Goltz, car elle représentait vingt fois chaque année le montant des taxes et contributions perçues en temps de paix pour les neuf provinces (1). Plus tard cependant, par ordonnance du 20 novembre 1916, von Bissing porta la contribution mensuelle à 50 millions; cette fois, malgré les injonctions de l'envahisseur, les Comités provinciaux lui refusèrent leur coopération et un ordre du jour du 3 décembre imposa d'office un emprunt forcé (2). En mai 1917, la *Gazette de Francfort* annonçait que la contribution générale serait portée de 50 à 60 millions, les sommes nécessaires devant être obtenues grâce à l'emprunt garanti par les neuf provinces. Les Conseils provinciaux ayant refusé le vote des crédits nécessaires,

(1) Passelecq, *op. cit.*, pp. 396 et s.

(2) *Débats* du 12 décembre 1916.

l'occupant a procédé lui-même p[illegible] tous les moyens à la rentrée des sommes imposées (1). Et toutes les fois que la malheureuse Belgique était saignée à blanc, une fois de plus, le Gouverneur général affirmait imperturbablement qu'il agissait, conformément à l'article 49 du règlement de La Haye, pour les besoins de l'administration du territoire (2).

En dehors de la contribution générale qui vient d'être indiquée, les villes et provinces de Belgique se sont vu imposer une multitude de contributions spéciales déguisées sous le nom d'amendes sous les prétextes les plus futiles. Le 22 août 1914, von Bülow frappe la ville de Wavre d'une contribution de 3 millions de francs parce que les troupes allemandes ont été attaquées par surprise ; à défaut de paiement la ville sera incendiée et détruite : « les innocents devant souffrir avec les coupables » (3). A Louvain, le commandant de place Manteuffel réclame 100.000 francs qu'il réduit ensuite à 3.000 (4). Bruxelles fut frappée de plusieurs amendes dont la plus élevée atteignit 5 millions à raison d'un prétendu attentat commis par un agent de police contre un soldat. Tout était prétexte à imposition : 500.000 marks pour refus de réparer les routes ; 1 million à raison de la manifestation de la fête nationale du 21 juillet 1916, etc. Le capitaine Kriegsheim exigeait de la ville de Bruxelles 50 millions que le bourgmestre Max fit réduire à 45 (5). A Arlon, un fil téléphonique ayant été coupé, la ville fut imposée de 100.000 francs en or (6). Namur fut frappée de 50 millions réduits ensuite à 32 et Charleroi de 10 millions. Anvers dut payer des sommes dont le total s'éleva à

(1) *Gazette de Francfort* du 7 juin 1917.
(2) Clunet dans le *Temps* du 25 novembre 1915.
(3) VIe rapport de la commission d'enquête belge. *Rapports*, I, pp. 81 et s,
(4) V[e] rapport, *Ibidem*, p. 69.
(5) Van der Essen, *op. cit.* p. 39.
(6) VIIIe *rapport* belge, *ibidem*, I, p. 107.

50 millions pour des motifs divers, tels que la mise en état des routes. Namur fut taxé à 32 millions; Bruges à 5.000 liv. st., pour avoir soi-disant empêché un ouvrier de travailler aux tranchées allemandes de seconde ligne. La province de Liége fut frappée d'une contribution de 50 millions de francs sous menace de mesures extrêmes. A Tournai, les Allemands réunirent les notables à l'Hôtel-de-Ville et leur donnèrent lecture d'une proclamation condamnant la ville à payer, dans les trois heures, une somme de 2 millions de francs en or, sous menace de destruction de la cité et de mise à mort des habitants. On rassembla à grand peine 1.700.000 francs; le reste fut couvert par une traite solidairement signée par tous les conseillers communaux présents. La ville d'Aunis eut à payer 50 millions et fut ensuite, en juillet 1917, imposée à nouveau de 100.000 francs pour avoir refusé de réparer les dégâts dus à la guerre dans certains quartiers. A Monceau-sur-Sambre, le général von Nürbach fit saisir, le 23 août 1914, une somme de 7.500 francs qui se trouvait dans la caisse communale, à titre d'amende; la commune fut ensuite mise à sac sytématiquement et incendiée (1).

Le prétexte le plus fréquent d'amendes était la destruction de lignes télégraphiques et téléphoniques. Un avis officiel de von der Goltz, du 23 octobre 1914, décidait que ces faits seraient frappés d'une contribution de guerre « *peu importe que les habitants en soient coupables ou non* ». Une autre proclamation du même général du 25 septembre avait averti que « les environs des villes et communes où il y aurait eu des attaques contre les troupes allemandes seraient frappés de châtiments — et surtout de pénalités pécuniaires ». Ce système fut poussé à l'extrême au point que les populations furent rendues

(1) XX° *rapport* belge, *loc. cit.*, pp. 134 et142.

responsables même des opérations de l'armée; c'est ce qui résultait d'un nombre considérable de proclamations affichées dans la Belgique occupée (1). Voici le détail fourni par des renseignements officiels belges : contributions de guerre locales et amendes, 8 millions de livres sterling — de novembre 1914 à octobre 1916, 38.400.000 livres — de novembre 1916 à mai 1917, 14 millions de livres — de juin 1917 à mai 1918, 28.800.000 livres — de juin 1918 à octobre 1918, 15 millions de livres — soit, au total, 104.200.000 livres sterling (2).

A côté des contributions collectives, les amendes individuelles accablaient les malheureux Belges. Les délits de police et les innombrables cas de désobéissance prétendue apportaient dans les caisses teutonnes plus de 200.000 francs par mois. Pareille somme était fournie par les passeports indispensables pour le moindre déplacement. Les amendes atteignaient les propriétaires d'usines ou fabriques en grève, les habitants qui ne rentraient pas chez eux à 7 h. du soir ou n'avaient pas éteint leurs feux à 7 h. 30, qui sortaient après le couvre-feu, qui envoyaient leurs fonds à l'étranger, qui négligeaient de se présenter au contrôle militaire ou s'éloignaient de la commune sans autorisation, qui achetaient des denrées malgré les prohibitions, qui cachaient d'anciens soldats belges ou faisaient le transport illicite des lettres, qui essayaient de passer la frontière, possédaient des pianos, etc., etc. Jamais les anciens esclaves ou les serfs de la glèbe ne furent astreints à des mesures plus vexatoires et plus odieuses. Il était pourtant donné à von Bissing de prendre une décision encore plus illégitime que les précédentes, en décidant, par arrêté du 16 janvier 1915, que les citoyens belges soumis à la contribution personnelle

(1) Voir ces diverses proclamations dans la publication intitulée : *Affiches allemandes en Belgique*, pp. 60 et s.
(2) *Débats* du 24 octobre 1918.

pour 1914, ayant quitté volontairement leur domicile ou ayant séjourné plus de deux mois à l'étranger, devraient acquitter un impôt additionnel extraordinaire fixé au décuple de cette contribution personnelle, s'ils n'étaient pas rentrés en Belgique avant le 1er mars 1915. Cet impôt était payable au plus tard le 15 avril 1915 et recouvrable par voie de contrainte après l'expiration de cette date. Le but poursuivi consistait à contraindre les Belges aisés résidant à l'étranger à rentrer au pays, pour faciliter de la sorte, dans les provinces occupées, une reprise des affaires dont les Allemands auraient retiré un grand profit pour l'entretien des troupes d'occupation. Il fallait atteindre dans leurs intérêts matériels immédiats les Belges demeurés irréductibles. On osait les menacer de la ruine irrémédiable en les exposant à voir leurs biens emportés en Allemagne ou vendus à vil prix. Von Bissing agissait ici en parfaite communauté de vues avec Bismarck, suivant lequel les biens des individus qui s'étaient enfuis des pays envahis devaient être considérés comme *biens vacants* et traités en conséquence (1).

Le gouvernement belge a protesté contre l'arrêté de von Bissing le 8 février 1915 (2). Il faisait observer que la mesure prise « déniait aux citoyens le droit de juger des raisons qui peuvent causer leur éloignement du pays, raisons de santé, d'affaires, de famille, ruine de leur habitation, de leur usine, crainte des périls de guerre, etc. Elle les frappait dans l'exercice de leur liberté individuelle sans aucun égard ». Le gouvernement ajoutait que von Bissing n'avait obtenu le vote de la mensualité des 40 millions indiquée ci-dessus, de la part des Conseils provinciaux, qu'après avoir fait, le 14 décembre 1914, la promesse formelle que de nouvelles impositions ne se produiraient pas. Et c'est au lende-

(1) Cf. de Dampierre, *L'Allemagne et le droit des gens*, p. 255.
(2) *Deuxième livre gris belge*, 2e partie, XVII annexe N° 20. Cf. le 23e rapport de la commission d'enquête belge ; *Rapports*, III, annexe III.

main de cette promesse formelle qu'il créait la taxe sur les absents; il est vrai que les Belges avaient déjà la triste habitude des *chiffons de papier* ! Le principe de la taxe sur les absents a été condamné par le docteur Christian Meurer, conseiller intime, professeur à l'Université de Wurzbourg. Suivant lui : « l'occupation d'un territoire ne donne naissance qu'à un pouvoir exclusivement territorial et ne produit aucun effet en dehors des territoires occupés. Dès lors, les ressortissants de ces territoires qui séjournent en dehors de ceux-ci ne sont pas soumis à la puissance de l'occupant (1).

On retrouve les contributions de guerre et les amendes excessives et injustifiées partout où sont passés les Allemands. Les villes de Bucarest et de Craïova furent frappées d'une contribution s'élevant à 1.900 francs par habitant pour la première et à 95 francs pour la seconde. En juin 1917, la Roumanie fut imposée par l'Allemagne d'une contribution de 250 millions de francs ; le montant en devait être levé par département (2). Les exactions financières en Pologne atteignirent des proportions considérables ; avant l'occupation allemande, les dépenses de Varsovie s'élevaient à 12 millions de roubles ; en 1917, elles atteignaient 45 millions, dont 21 pour les dépenses de guerre. Parmi ces dernières figuraient 4.200.000 francs pour les fournitures imposées par l'occupant et 1.800.000 francs pour l'entretien des garnisons allemandes. Les autorités allemandes s'étaient attribué le monopole du commerce, principalement des produits alimentaires et industriels, des tramways urbains, etc., en sorte que la ville dénuée de toute ressource et, presque toutes les branches du commerce chômant, il fallut recourir à des emprunts ruineux (3).

On a vu plus haut que von Bissing avait la prétention

(1) *Débats* du 1er avril 1915.
(2) *Débats* du 27 juin 1917.
(3) *Débats* du 10 mai 1917.

de prendre les mesures nécessitées par la guerre économique au nom des Conférences de La Haye. Or il est facile de démontrer que les Allemands les ont violées au point de vue des contributions et amendes aussi bien que dans tous les autres domaines. Les articles 49 à 51 du règlement concernant les lois et coutumes de la guerre sur terre exigent en effet : 1° que les contributions en argent ne soient levées que pour les besoins de l'armée ou de l'administration du territoire ; 2° que des peines pécuniaires collectives ne soient point édictées contre les populations à raison de faits individuels dont elles ne pourraient être considérées comme solidairement responsables ; 3° qu'un ordre écrit intervienne sous la responsabilité d'un général en chef ; 4° qu'on applique autant que possible les règles de l'assiette et de la répartition des impôts en vigueur ; 5° qu'un reçu soit délivré aux contribuables (1).

On doit renverser les propositions qui précèdent si l'on veut dépeindre la conduite des Allemands au cours de la guerre qui vient de prendre fin. En effet : 1° les contributions en argent ont été levées le plus souvent d'une façon tellement excessive qu'il est impossible de les mesurer même de très loin aux besoins de l'armée et de l'administration du territoire. C'était, en somme, un vol constant de capitaux accompagnant le vol et les pillages des effets mobiliers et de toutes les ressources du territoire ; 2° les peines pécuniaires collectives ont frappé indistinctement les prétendus coupables et les innocents ; les peines pécuniaires n'étaient, on l'a vu, qu'un prétexte à l'extorsion des fonds ; 3° l'ordre écrit était omis le plus souvent et les contributions étaient levées par des chefs de troupes isolées sans aucune intervention directe ou indirecte du commandement général ; 4° le

(1) Cf. sur ces textes notre ouvrage sur la *Conférence de la paix de 1899*, §§, 109 et s. et notre *Traité de droit public international, loc. cit.*, pp. 448 et s.

reçu n'était pas plus délivré à propos des contributions que relativement aux réquisitions.

C'est qu'en réalité les contributions de guerre donneront toujours fatalement lieu à toutes les illégalités et à toutes les spoliations possibles. Certains auteurs ont essayé de les défendre, surtout au point de vue militaire, par des arguments divers d'une portée plus ou moins douteuse et qui, dans tous les cas, s'effacent devant l'iniquité des résultats de la contribution. Cette dernière est toujours en disproportion absolue avec les faits auxquels on l'applique et elle procure dans la presque totalité des cas un enrichissement sans cause qui, dans le domaine du droit civil, donnerait lieu à la répétition de l'indû. On en avait déjà eu une preuve certaine durant la guerre de 1870-71, où, d'après les estimations officielles, le total des amendes et contributions est monté à 229.996.029 francs, auxquels il faut ajouter l'indemnité de guerre de cinq milliards. C'était déjà un chiffre suffisamment rémunérateur pour l'industrie de guerre allemande. Combien a-t-il été dépassé au cours de la dernière guerre, comme le montreront les relevés officiels auxquels procéderont en temps utile les gouvernements alliés !

Enfin l'alimentation des ressources allemandes au moyen du pillage des banques privées et publiques fut systématique dans tous les pays envahis ; les rapports des commissions abondent en détails sur l'accaparement des espèces et titres, le bris des coffres-forts au moyen des instruments de cambrioleur les plus perfectionnés dont les Allemands avaient tout un assortiment ; et tout cela se faisait sous la surveillance des chefs grands et petits qui encaissaient pour eux-mêmes ou pour le compte de l'Etat. Nous n'essayerons donc point d'entrer dans la description de ces vols, en indiquant seulement les opérations effectuées en Belgique que l'on peut envisager comme le type du genre. A la fin de septembre 1916, les autorités allemandes saisirent 650 millions de marks déposés dans les deux plus grands établissements financiers de la Belgique, la *Banque nationale* et la *Société générale* et les firent encaisser par la *Banque d'Empire*, qui volait ainsi l'épargne de milliers d'industriels, commerçants, bourgeois et ouvriers (1). Ces disponibilités servirent à gonfler la souscription de la Banque d'Empire au 5e emprunt de guerre allemand. Le gouvernement belge protesta le 16-21 septembre 1916 et une proclamation du département des finances fit nettement justice des sophismes par lesquels l'officieuse *Gazette de Francfort* avait essayé d'expliquer et de pallier le vol de l'épargne locale. En réalité, les malheureux Belges voyaient compromettre par cette opération à la fois le capital et l'intérêt de leur argent. Leur accréditif, en effet, était payable seulement deux ans après la guerre et serait probablement perdu en cas de défaite allemande. Et, d'autre part, ils devaient toucher un intérêt de 4 0/0 au taux nominal des marks-papier en baisse constante depuis les hostilités et non à celui du cours moyen de la bourse de Berlin. C'était cette immense escroquerie que la *Gazette de l'Allemagne du Nord* appelait : « une opération destinée à maintenir la circulation financière » et que les Belges, d'accord avec tous les honnêtes gens qualifiaient de son véritable nom : un vol !

(1) Van der Essen, *op. cit.*, p. 94.

CONCLUSION

Les explications qui précèdent ont largement justifié, croyons-nous, le titre de cette brochure. C'est véritablement une *guerre économique*, une *guerre capitaliste* que les Allemands ont faite à tous leurs ennemis ; et leurs alliés ont avec empressement imité cet exemple. C'était la *bonne guerre*, la guerre aux ressources de toute espèce combinée par le grand État-Major, qui devait à la fois enrichir l'Allemagne et ruiner la concurrence étrangère, suivant le plan du grand metteur en scène, Rathenau. Et nous avions raison, croyons-nous, d'ajouter que la méthode employée durant tout le conflit était vraiment originale, en ce sens qu'à la différence de toutes les guerres anciennes et même de celle de 1870-71 pourtant si féconde en pillages, l'un des buts principaux du conflit qui vient de prendre fin était l'appropriation systématique de toute la fortune publique et privée ennemie.

A cette guerre économique et capitaliste il faut donc que le traité de paix réponde par des stipulations économiques et capitalistes, de nature à réparer autant que possible le préjudice immense occasionné. Sans doute, on ne restaurera pas toutes les ruines ; mais tout au moins faudra-t-il essayer d'arriver à ce résultat par tous les moyens. Nous ne pouvons ici, on le conçoit que poser des règles générales, les situations de fait devant être établies par des enquêtes approfondies.

Les réparations dues pour les dommages causés à l'État comprendront toutes les atteintes dont a été victime son domaine immobilier; la valeur de ce domaine est considérable et les atteintes ont été des plus meurtrières. Ici, comme le fait observer notre collègue M. F. Faure, l'évaluation des dommages sera grandement facilitée par les procès-verbaux de l'enquête confiée, de 1873 à 1875, aux soins de l'administration de l'Enregistrement et des Domaines et portant sur la composition et la valeur des immeubles de l'Etat, à la condition de reviser et de mettre à jour les chiffres antérieurs. Plus difficile sera cette évaluation pour nos cathédrales et églises détruites ou mutilées; et les agents de l'Enregistrement et des Domaines ont reculé, lors de l'enquête précitée, devant les difficultés de l'estimation. En tout cas, quel que soit le mode d'évaluation qui, en la matière serait forcément approximatif, il ne faut pas que les difficultés que cette évaluation provoquera fassent renoncer au principe de réparation (1).

En ce qui concerne les dommages occasionnés aux particuliers, la réparation sera de formes diverses. Elle aura lieu d'abord *en nature*; il faudra que l'Allemagne rende tout ce qu'elle a conservé des objets mobiliers, matières premières, produits fabriqués, outils, machines, etc. Des commissions spéciales, sur les indications des intéressés, dresseront le bilan des restitutions et veilleront à l'application des mesures prises. Pour certains objets tels que tableaux, bronzes, marbres, médailles, meubles rares, livres, manuscrits et en général pour tous les objets d'art, la restitution ne pourra avoir lieu nécessairement qu'en nature. Quant aux choses fongibles, la restitution pourra se produire soit en nature soit en équivalent. La restitution en nature devra être exigée chaque fois que la chose sera possible, par exemple pour les bateaux, wagons, locomotives; ici le

(1) F. Faure, *La fin de la guerre et les responsabilités de l'Allemagne* dans la *Revue politique et parlementaire*, n° du 10 novembre 1918.

dédommagement en argent serait insuffisant, car il ne faut pas que l'industrie allemande d'après guerre puisse s'alimenter par un matériel qui est la propriété de ses ennemis. En ce qui concerne la réparation en nature, les prisonniers allemands seront obligés de travailler pour reconstituer les propriétés détruites (1). En ce sens, après l'armistice, le Gouvernement français qui avait exigé la restitution immédiate de nos prisonniers, n'a pas hésité à continuer à faire travailler les prisonniers allemands.

Relativement aux réparations pécuniaires exigées, soit quand la restitution en nature sera impossible, soit à raison du dommage causé par la privation des objets enlevés, du chômage et de tous autres chefs d'indemnité à faire valoir, les Allemands seront débiteurs des sommes arbitrées après enquête et qui seront assurées par le payement échelonné et subsidiairement par un emprunt de liquidation. Naturellement, si les gouvernements alliés le jugent nécessaire, il y aura lieu de procéder à une occupation militaire, comme le firent, du reste, les Allemands eux-mêmes jusqu'en 1874.

La responsabilité pécuniaire dont nous venons de parler résulte d'abord des lois internes elles-mêmes ; elle est consacrée par l'article 1382 du code civil français, suivant lequel : « tout fait quelconque de l'homme qui cause à autrui un dommage oblige celui par la faute duquel il est arrivé à le réparer ». Le Code civil allemand, dans son article 823, dispose également que : « Celui qui, par dessein ou par négligence, a illégalement porté atteinte à l'intégrité corporelle, à la vie, à la santé, à la liberté, à la propriété ou à tout autre droit d'autrui est tenu envers la personne lésée à réparation du préjudice causé ». Et il semble également légitime de suivre les Allemands sur le terrain de l'article 842

(1) *Temps*, des 16 et 17 octobre 1918,

du même code civil, aux termes duquel : « L'obligation de réparer le dommage résultant d'un acte illicite dirigé contre la personne s'étend au préjudice que cette action a entraîné en empêchant le gain ou la prospérité dans les affaires de cette personne ».

La réparation devra être intégrale et s'appliquer à tous les dommages directs et indirects causés à l'État et aux particuliers aussi bien qu'aux frais de guerre. A ce sujet, l'article 249 du code civil allemand prescrit à l'auteur du dommage de remettre les choses au même et semblable état que si l'acte accompli par lui ne se fût pas réalisé. Cet argument qui a été donné par M. le Doyen Larnaude dans la Conférence de février 1919 à la *Société française de droit international* est d'une importance capitale, car il permet d'appliquer à l'Allemagne une disposition établie par elle pour ses propres nationaux en temps de paix et dont, par suite elle ne saurait se plaindre. Au surplus, en déclarant une guerre essentiellement *injuste*, préméditée, agressive, en la conduisant avec une atrocité abominable et une intention évidente de ruiner la France notre ennemi s'est rendu coupable d'une *faute* génératrice de la responsabilité pécuniaire.

La même responsabilité pécuniaire est consacrée par les lois internationales. En effet, un article 3, ajouté en 1907 à la convention concernant les lois et coutumes de la guerre sur terre à la demande de l'Allemagne elle-même porte que : « la partie belligérante qui violerait les dispositions du règlement sera tenue à indemnité s'il y a lieu et qu'elle sera responsable de tous les actes commis par les personnes faisant partie de sa force armée ». M. Weiss, qui cite cette disposition, est d'avis que c'est à l'Etat dont relèvent les victimes des faits dommageables qu'il appartient de faire valoir leurs droits à l'indemnité qui pourra être stipulée dans le traité de paix ou réglée par arbitrage à défaut d'entente (1). Cette procédure générale exercée au nom de l'Etat qui défendra en bloc les intérêts de ses sujets paraît préférable aux individualités isolées. Et, d'autre part, l'État aura, pour la solution des difficultés pendantes, une puissance et une autorité qui manquerait nécessairement aux individus.

(1) *Temps*, du 1er mai 1915.

TABLE DES MATIÈRES

IMPRIMERIE ARTISTIQUE
LUX
131, Boul^e^ St Michel
PARIS
(59)

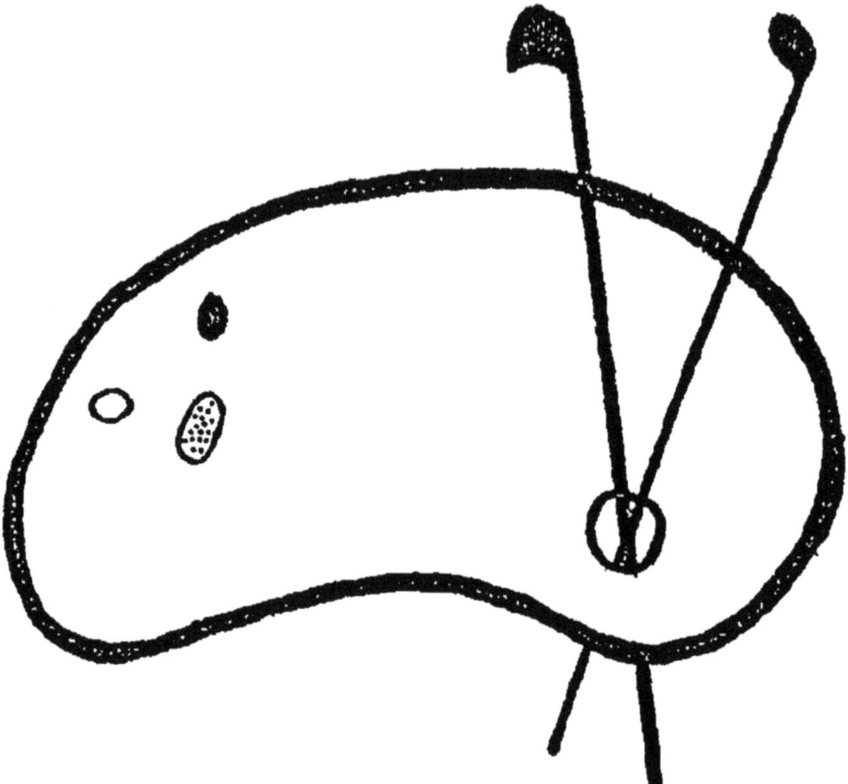

www.ingramcontent.com/pod-product-compliance
Ingram Content Group UK Ltd.
Pitfield, Milton Keynes, MK11 3LW, UK
UKHW031927260826
14628UKWH00003B/1468

9 782013 572347